O BEM-ESTAR
DOS PROFESSORES

M316b Marchesi, Álvaro.
O bem-estar dos professores : competências, emoções e valores / Álvaro Marchesi ; tradução Naila Tosca de Freitas – Porto Alegre : Artmed, 2008.
168 p. ; 23 cm.

ISBN 978-85-363-1497-6

1. Educação - Professores. 2. Formação Pessoal. I. Título.

CDU 37

Catalogação na publicação: Mônica Ballejo Canto – CRB 10/1023.

O BEM-ESTAR
DOS PROFESSORES

COMPETÊNCIAS,
EMOÇÕES E VALORES

ÁLVARO MARCHESI

Professor de Psicologia Evolutiva e da
Educação na Universidade Complutense de Madri.
Secretário Geral da Organização de Estados
Ibero-americanos para a Educação,
a Ciência e a Cultura.

Tradução:
Naila Tosca de Freitas

Consultoria, supervisão e revisão técnica desta edição:
Maria da Graça Souza Horn
Doutora em Educação pela
Universidade Federal do Rio Grande do Sul

2008

Obra originalmente publicada sob o título *Sobre el bienestar de los docentes: Competencias, emociones y valores*
ISBN 978-84-206-8401-7

© 2007 Álvaro Marchesi
© 2007 Alianza Editorial

Capa
Tatiana Sperhacke

Foto da capa
© *istockphoto.com/Pawel Gaul*

Preparação do original
Josiane Souza

Leitura final
Carlos Henrique Lucas Lima

Supervisão editorial
Mônica Ballejo Canto

Projeto e editoração
Armazém Digital Editoração Eletrônica – Roberto Carlos Moreira Vieira

Reservados todos os direitos de publicação, em língua portuguesa, à
ARTMED® EDITORA S.A.
Av. Jerônimo de Ornelas, 670 - Santana
90040-340 Porto Alegre RS
Fone (51) 3027-7000 Fax (51) 3027-7070

É proibida a duplicação ou reprodução deste volume, no todo ou em parte, sob quaisquer formas ou por quaisquer meios (eletrônico, mecânico, gravação, fotocópia, distribuição na Web e outros), sem permissão expressa da Editora.

SÃO PAULO
Av. Angélica, 1091 - Higienópolis
01227-100 São Paulo SP
Fone (11) 3665-1100 Fax (11) 3667-1333

SAC 0800 703-3444

IMPRESSO NO BRASIL
PRINTED IN BRAZIL
Impresso sob demanda na Meta Brasil a pedido de Grupo A Educação.

SUMÁRIO

1. **Os professores na sociedade da incerteza** 7
   Sociedade e educação 7
   Riscos e controvérsias na profissão docente 11
   O debate sobre a profissão docente 23
   Sobre as competências dos docentes 26

2. **A história profissional dos professores** 33
   Etapas na vida profissional 33
   Os futuros professores 38
   O estudo sobre as emoções e os valores dos professores brasileiros 41
   Os anos iniciais 46
   A etapa do conhecimento da profissão docente 47
   Os anos finais no trabalho docente 51
   Sobre o mal-estar e o bem-estar docente 52

3. **As competências profissionais dos professores** 59
   Ser competente para favorecer o desejo de saber dos alunos
   e ampliar seus conhecimentos 60
   Estar preparado para zelar pelo desenvolvimento afetivo dos
   alunos e pela convivência escolar 69
   Ser capaz de favorecer a autonomia moral dos alunos 74
   Ser capaz de desenvolver uma educação multicultural 81
   Estar preparado para cooperar com a família 86
   Poder trabalhar em colaboração e em equipe com os colegas 88
   No limite das competências: a intuição e suas condições 93

4. **As emoções dos professores** 97
   Por que uma questão central na educação tem sido tão pouco estudada? 97
   Uma nota sobre a recente história dos estudos sobre as emoções 100
   As relações emocionais dos professores 103
   A cultura das emoções 116
   A identidade profissional 120
   O bem-estar emocional dos professores 121

5. **A responsabilidade profissional e moral dos professores** 127
   Uma profissão moral 127
   A personalidade moral dos professores 129
   A eqüidade na ação dos professores 132
   O sentimento de compaixão 141
   A responsabilidade e a exigência na profissão docente 145
   O sentido do compromisso moral na profissão docente 150

Dez livros para ler em tempos tranqüilos 157
Referências 161

# 1

OS PROFESSORES NA SOCIEDADE DA INCERTEZA

SOCIEDADE E EDUCAÇÃO

As tensões que atualmente vive o sistema educacional são expressão das transformações sociais e das novas exigências que se apresentam para a formação das novas gerações. O acesso à informação e ao conhecimento, as mudanças da família e dos próprios alunos, as modificações no mercado de trabalho, os valores sociais emergentes, a presença crescente de pessoas imigrantes e a rapidez das mudanças são algumas das características da sociedade do século XXI que afetam, sem dúvida, o exercício da atividade docente. Além disso, as pressões sobre o ensino são cada vez maiores, razão pela qual o professor, para quem também passam os anos, sente-se, muitas vezes, sobrecarregado, desorientado e perplexo. Não é estranho, portanto, que a maioria dos professores – exceto, talvez, aqueles que recém ingressaram na docência – considere que a cada ano é mais difícil ensinar.

Entre todas as mudanças sociais que influenciam a atividade dos professores, considerei oportuno destacar apenas duas delas, porque causam um impacto especial na ação educadora: o crescimento inevitável da sociedade da informação e a configuração de uma sociedade multicultural.

O aprendizado na sociedade da informação

As mudanças tecnológicas provocaram uma enorme comoção na sociedade e na educação. Fala-se em sociedade da informação e em sociedade do conhecimento, sendo mais real a primeira denominação e contendo uma certa dose de utopia a segunda, e se insiste, com razão, que os países e cidadãos que fiquem à margem dessa revolução correm sério risco de viver fora do seu tempo. Na sociedade do século XXI, as ênfases estão na capacidade de ter acesso e de selecionar a informação, na flexibilidade, na inovação e na capacidade das pessoas e das instituições de ampliarem seus conhecimentos (Castell, 1977; Hargreaves, 2003). Algumas características desta sociedade condicionam especialmente o processo de ensino e de aprendizagem: a predominância da imagem no modo como os alunos processam a informação e uma dificuldade maior no controle interno da atenção.

A criança, desde seus primeiros anos, está fascinada pela variedade de informação que lhe é apresentada. Além dos materiais e brinquedos oferecidos, o que lhe causa surpresa são as imagens sempre diferentes e atrativas da televisão. Depois, serão o computador, os jogos interativos através de diferentes mídias e telas, a possibilidade de encontrar todo tipo de informação por meio de um design figurativo bem organizado e instigante. A imagem penetra tudo e proporciona quase tudo o que é necessário de maneira rápida, sem que seja preciso muito esforço e com a possibilidade de procurar nova informação quando a atual não nos deixa satisfeitos.

Não podemos esquecer que a predominância absoluta da imagem e o interesse pelo que é imediato não favorecem o necessário esforço contínuo que demanda a aprendizagem significativa. O aluno está acostumado desde pequeno a obter informação com escassa atenção, por meio dos formatos multimídia. A televisão é uma fonte que transmite rapidamente mensagens contínuas, que são compreendidas com facilidade. Também na informação obtida por meio da internet predomina a rapidez, a importância das manchetes, a detecção imediata das chaves informativas e, conseqüentemente, a desconsideração do processamento completo do significado dos textos. Diante da quantidade de páginas, há tempo somente para dar uma olhada superficial antes de selecionar aquela que melhor se ajusta às nossas necessidades de informação. Não é estranho, portanto, que os alunos encarem com receio as páginas cheias de linhas da maioria dos livros.

É difícil, nesse ambiente, sentir atração por outro tipo de processamento, que seja mais profundo, que procure significados, que conecte com os esquemas já adquiridos, que repasse a informação e que tente desenvolver novas estratégias para compreendê-la e organizá-la. A ausência de imagens retrai e entedia. Se tiver que escolher entre um livro e a informação em uma página da internet, a maioria dos alunos com alguma habilidade em informática inclina-se para a última opção. É diferente a forma de ler em um livro e em um computador, e os conhecimentos também são adquiridos de modo diferente.

Mas a sociedade da imagem não apenas alterou as estratégias de aprendizagem dos alunos; também alterou as formas de controle da atenção. A criança sente-se atraída pelas imagens externas com tanta força que são elas que orientam sua atenção e seu esforço. Quando sobrevém o cansaço, o aluno intervém para buscar novas imagens que possam mantê-lo interessado e atento. O controle da atenção do aluno depende principalmente de fatores externos que têm uma enorme capacidade de mudar e fazer com que ele se mantenha atento. Nessas condições, não só o professor enfrenta sérias dificuldades para competir com o mundo habitual da criança, como o aluno, por sua vez, também não adquiriu ainda capacidade suficiente para dirigir e focalizar sua atenção de forma planejada e consciente: é mais fácil utilizar o controle remoto ou procurar outra página da *web*. Não pode surpreender que os professores constatem que um dos seus principais problemas reside em prender a atenção dos seus alunos.

Esse modo de processar a informação dificulta nos alunos a obtenção dos conhecimentos que devem alcançar na nova sociedade tecnológica. Paradoxalmente, a sociedade da informação e da globalização provoca nos alunos certas demandas de aprendizagem que são opostas aos objetivos de integração de saberes e de profundidade de conhecimentos que a própria sociedade e o sistema educacional proclamam com insistência.

Educar em uma sociedade multicultural

Estamos vivendo, sem nenhum tipo de dúvida, uma mudança veloz em direção a uma sociedade multicultural. O que aconteceu em alguns países da União Européia algumas décadas atrás está ocorrendo agora em na Espanha, ainda que com conotações específicas, fruto da nossa história e da nossa situação geográfica. Enquanto os britânicos recebiam pessoas dos países colonizados de língua inglesa distribuídos mundo afora e os franceses tiveram a presença majoritária de cidadãos argelinos e do norte da África, na Espanha temos a ocorrência de uma imigração que procede majoritariamente dos países latino-americanos e, também, dos países africanos, devido à nossa proximidade com eles.

A presença cada vez mais numerosa de imigrantes em nossa sociedade, a maioria deles mantendo sólidos vínculos com sua cultura de origem e uma boa parte com um idioma próprio, diferente do espanhol, obriga-nos a pensar sobre como os respeitar e como ensinar seus filhos de maneira satisfatória. É necessário refletir também sobre até onde deve chegar o respeito e até onde podem ser consentidos os comportamentos alheios que não se ajustam aos da maioria e sobre quais atividades são permitidas e quais proibidas. Da mesma forma, é necessário questionar se os membros das culturas minoritárias devem fazer um esforço para se integrar à cultura que os recebe, distanciando-se progressivamente da sua própria cultura, ou se devem tentar mantê-la para reforçar seus sinais de identidade. A existência, na maioria dos países, de um amplo debate sobre qual é a resposta educacional mais acertada para atingir esses objetivos e resolver essas interrogações reflete o fato de que não existem soluções gerais e aceitas por todos, senão que, pelo contrário, existem critérios, atitudes e soluções muito diferentes.

Esses conflitos, que provocam dúvidas e incertezas na maioria dos cidadãos, não são apenas um problema teórico ao qual se deva dedicar um tempo tranqüilo em busca de uma solução. É um assunto vital, imediato, que afeta grupos concretos de alunos e que exige uma resposta no trabalho cotidiano de um grande número de professores. O conflito passa, então, a ser de cada docente, que deve procurar a solução adequada em um ambiente de pressão social, tensão escolar e incerteza educacional.

Inicialmente, o que é preciso reconhecer é que os imigrantes exigem um esforço maior do sistema educacional e dos professores, tanto devido às dúvidas sobre como é reconhecida sua identidade quanto às dificuldades de aprendizagem e de integração na escola. Isso acontece especialmente quando não partilham a mesma língua, quando apresentam uma defasagem notória com o nível médio dos alunos de uma turma ou quando se incorporam às aulas com importantes atrasos ou no meio de um curso acadêmico. A escolarização dos alunos imigrantes, sobretudo nessas condições, geralmente não é bem-recebida. A maioria dos professores e das famílias expressam seu respeito pelas famílias imigrantes e afirmam que todos os seus filhos têm direito a uma educação. Contudo, a realidade é que a escolarização desses alunos em uma escola, pública ou *concertada*,* transformou-se em uma disputa política e educacional muitas vezes tensa, refletindo a percepção de injustiça de determinados setores do professorado e das famílias ao constatarem que não existe um compromisso compartilhado por todas as instituições de ensino quando se trata da escolarização de alunos imigrantes.

---

* N. de T.: Escola privada que recebe uma subvenção do Estado.

RISCOS E CONTROVÉRSIAS NA PROFISSÃO DOCENTE

As reflexões anteriores indicam que a educação está sujeita a expectativas elevadas e a busca de soluções imediatas para dificuldades que não se originam nas escolas e para as quais não há uma resposta a curto prazo. Além disso, muitos dos problemas manifestam-se em posições antagônicas, ou pelo menos divergentes, que evidenciam a existência de opções ideológicas, educacionais e profissionais diferentes. Não pode ser de outra maneira e é normal que existam essas controvérsias, expressão das diferenças ideológicas que ocorrem na sociedade: conservadores e progressistas, crentes e agnósticos, integradores e seletivos, apenas para citar algumas das mais evidentes.

Não é estranho, portanto, que em muitos temas educacionais seja difícil chegar a um acordo, uma vez que é preciso satisfazer, ao mesmo tempo, os que defendem a escola pública e os que preferem o ensino privado; os que insistem em afirmar que a aprendizagem na escola diz respeito principalmente à ampliação de conhecimentos e os que incorporam outro tipo de objetivos; os que acreditam que é preciso avaliar para controlar e os que pensam que a avaliação deve estar a serviço do processo de ensino e de aprendizagem; os que defendem a liberdade de escolha ao selecionar uma escola e os que exigem que isso seja controlado pelos poderes públicos; os que defendem a eficiência e a qualidade, inclusive sacrificando a eqüidade, e os que preferem uma educação eqüitativa, mesmo com a possibilidade de que seja menos eficiente.

Assim, não há dúvida de que a tarefa de ensinar as novas gerações está imersa em sérios dilemas e contradições que não estão isentos de riscos. Não há clareza quanto ao que envolve ensinar, nem quanto a como isso deve ser feito, nem sobre quais são os critérios que devem ser utilizados para avaliar o ensino. Da mesma forma, não existe acordo sobre os valores que devem ser defendidos nem sobre a atitude mais adequada em face dos diferentes grupos culturais. As dúvidas se estendem também a como abordar as novas tarefas sem deixar de cumprir as antigas e a como traduzir tudo isso nos modelos de formação e seleção dos professores e de organização do tempo de trabalho.

O problema mais importante é que todas essas hesitações, as quais normalmente se transformam em posições enfrentadas entre uns e outros setores sociais, geram insegurança nos professores. Eles sentem que sua atividade está permanentemente vigiada e sob suspeita e que vacilam a respeito de como chegar a uma forma de ensino coerente com sua competência profissional, respeitando, ao mesmo tempo, as diferentes sensibilidades políticas e sociais que incidem em seu trabalho. Além disso, esses debates, por outro lado inevitáveis e necessários, reforçam uma visão de que na educação tudo está em questão e que se pode opinar sobre qualquer coisa. Isso leva, por sua vez, a uma desvalorização da competência profissional, do rigor científico e da capacidade dos docentes de enfrentar, com garantias, os problemas existentes.

Selecionei seis temas que evidenciam os riscos que enfrenta a educação e as tensões que cercam a realização da atividade dos professores: a superficialidade, a falta de equilíbrio ao avaliar, as desigualdades entre os alunos, os valores que devem orientar a ação educadora, as dificuldades na relação com as famílias e, finalmente, talvez como conseqüência disso tudo, a perda da auto-estima profissional dos docentes. É possível que existam outras questões, também polêmicas, que poderiam ter sido incorporadas, tais como: os diversos objetivos da educação escolar, o processo de admissão de alunos, a autonomia e a avaliação do trabalho docente, a forma como são realizadas as reformas educacionais e o peso da formação humanística em face da científica e tecnológica ou da educação religiosa nas escolas. Contudo, as questões escolhidas refletem suficientemente os problemas e as tensões que vive a profissão docente e ajudam a compreender grande parte das dificuldades que enfrentam os professores de todos os níveis.

O risco de um aprendizado superficial

Como já assinalei anteriormente, um dos principais riscos na sociedade contemporânea – e, infelizmente, também no ensino e na aprendizagem escolar – é o da superficialidade. A imensa quantidade de informação disponível faz com que deslizemos sobre ela para conhecer mais no menor tempo possível. Não é fácil manter uma atitude tranqüila e reflexiva em uma situação como essa. A conseqüência direta da sociedade da informação pode se estender igualmente aos modelos de ensino e aos objetivos da aprendizagem escolar.

Por outro lado, é interessante que esse risco de superficialidade na aprendizagem acabe sendo reforçado quando as administrações educacionais acolhem as críticas de determinados setores sociais que clamam contra o escasso conhecimento dos nossos alunos e ampliam sem misericórdia os conteúdos dos programas escolares. São comuns as exigências de uma formação humanística mais extensa, mas também as de aumentar o ensino das disciplinas de ciências e matemática. Ao mesmo tempo, e diante de qualquer crise ou conflito, escutam-se numerosas vozes que exigem maior preocupação da instituição escolar com determinadas questões, como a violência social, a prevenção de doenças sexualmente transmissíveis, ou os acidentes nas estradas, apenas para citar algumas das mais recentes. A conseqüência de todas essas demandas é, muitas vezes, a ampliação exagerada dos conteúdos que os alunos devem aprender. O tempo de aprendizado escolar é o mesmo, mas são introduzidas novas disciplinas e as já tradicionais são ampliadas. Existe a crença vã de que incorporar esses desejos no currículo oficial ajuda a desenvolver as habilidades dos professores até níveis inimagináveis e abre a mente dos alunos para tudo o que está regulamentado. O que se consegue, pelo contrário, são programas impossíveis de ensinar e de aprender, superficialidade no tratamento dos temas e desinteresse dos alunos.

Em muitas ocasiões ocorre um paradoxo: a maioria dos responsáveis pelo currículo defende em público a importância do desenvolvimento de capacidades básicas em nossos alunos, mas esquece disso quando precisa elaborar esse mesmo currículo, promovendo uma ampliação constante de conteúdos. Contudo, diante da extensão, superficialidade e segmentação dos conhecimentos, seria necessário optar-se pela profundidade e pela inter-relação dos saberes. Isso exige limitação dos conteúdos e ênfase na aquisição de competências pelos alunos, opções que podem receber críticas daqueles que desejam um ensino com uma única compreensão. No meio dessa polêmica interminável, os professores precisam fazer seu trabalho, conscientes de que, não importando o que façam, uma parte da sociedade irá questionar a atividade que eles desenvolvem.

O desequilíbrio na avaliação da aprendizagem

O que se esconde no fundo deste debate são os objetivos da educação e os conteúdos que os alunos devem aprender. Mencionei que vivemos em uma sociedade que valoriza o conhecimento, a capacidade de selecionar a informação, a comunicação e a inovação, mas também a formação social, cívica e moral. Seria razoável esperar que o ensino e a conseguinte avaliação da aprendizagem dos alunos colocassem em primeiro plano, junto com a aquisição das competências matemática e lingüística, outros elementos. As estratégias de aprendizagem cooperativa, as competências sociais e cidadãs, o desenvolvimento pessoal e moral dos alunos, além do funcionamento das escolas, a convivência que nelas acontece e a participação e satisfação da comunidade pedagógica, são alguns exemplos. Contudo, boa parte desses desejáveis objetivos, presentes nas mensagens iniciais da maioria das reformas educacionais, vão se perdendo e esquecendo quando se concretizam na avaliação dos alunos. Não se pode esquecer que os modelos de avaliação valorizam aquilo que incorporam e relegam a um segundo plano aqueles conteúdos que não foram incluídos, ou seja, o que é avaliado é aquilo que se valoriza, e não faz parte da avaliação aquilo que não se considera importante.

O desequilíbrio na valoração dos objetivos educacionais é uma das conseqüências negativas de determinados sistemas de avaliação. Mas os problemas multiplicam-se quando os dados obtidos pelas escolas são tornados públicos de forma hierarquizada. Neste caso, as escolas sentem-se pressionadas a agir não só para melhorar seus processos de ensino e aprendizagem, mas para proporcionar aos alunos com possibilidades de sucesso maiores, devido ao seu entorno pessoal e às suas possibilidades de aprender, o acesso às melhores oportunidades. A conseqüência disso é que aqueles alunos com maiores dificuldades ou atrasos na aprendizagem – os com necessidades educacionais especiais, os que representam as minorias étnicas ou os que vivem em um contexto social ou familiar menos favorecido – serão mais facilmente rejeitados pelas escolas, para evitar que a sua presença faça cair os resultados obtidos ou prejudique a imagem pública da escola. O final desse processo é que os alunos mais capazes irão para determinadas escolas – que, funcionarão melhor, portanto – e os menos capazes irão para outras escolas – que serão pouco valorizadas e reconhecidas. É preciso pontuar, contudo, que não é necessário que a avaliação concretize esse processo seletivo para que também operem na sociedade e no sistema educacional forças mais sutis que geram desigualdades similares.

Separação e desigualdade

A desigualdade entre as escolas e entre os alunos é um dos maiores problemas que deve enfrentar o sistema educacional. Vivemos em uma sociedade exigente e competitiva, na qual se exaltam os valores individuais em detrimento dos sociais e coletivos. Além disso, as famílias e os grupos sociais tendem a se relacionar em função do *status* social e cultural e esquecem, evitam ou marginalizam aqueles que não partilham das suas normas ou de seus estilos de vida. A presença de novas culturas, devido ao aumento constante da imigração, pode abrir possibilidades de encontro ou separar ainda mais os diversos grupos culturais.

Essa separação entre uns grupos sociais e outros aumenta o risco de ocorrerem desigualdades entre as escolas e dificulta a integração social. Existe um temor velado nas famílias, principalmente naquelas com melhor situação econômica, de que a escolarização em instituições onde há presença de alunos imigrantes ou provenientes de setores sociais menos favorecidos possa atrasar, ou pelo menos complicar, a educação e a aprendizagem de seus filhos. O medo de que, em determinadas escolas, normalmente públicas e das grandes cidades, ocorram situações de violência ou de anarquia nas salas de aula leva esses grupos de pais a procurarem acomodar seus filhos em instituições supostamente mais pacíficas. Mesmo quando esses pais reconhecem o valor das escolas públicas e o bom preparo dos seus professores, sentem-se incapazes de escolhê-los. As mensagens que transmitem determinados meios de opinião, e inclusive alguns professores das próprias escolas públicas, avivam esses temores e oferecem razões para essas decisões.

O principal problema que essa tendência evidencia é a progressiva separação e desigualdade entre as escolas. De um lado está um significativo número de colégios *concertados* e determinadas escolas públicas que escolarizam principalmente alunos de classe média. De outro, um amplo número de escolas públicas e alguns colégios *concertados* que educam principalmente alunos de setores populares e imigrantes. Embora as condições de ensino, os corpos docentes, os recursos humanos e materiais e os apoios sejam semelhantes entre as escolas, e inclusive superiores naquelas com maiores dificuldades, a influência do contexto sociocultural médio da escola e do contexto social individual de cada aluno torna muito difícil uma semelhança nos processos educativos e nos resultados. Infelizmente, existe um sério risco de que o alto índice obtido pelo sistema educacional espanhol nos relatórios PISA,[*] no que diz respeito à eqüidade, vá diminuindo de maneira paulatina ao longo dos próximos anos.

Essas desigualdades na educação aprofundam as desigualdades sociais que já existem no início, contribuem para a separação dos grupos sociais e em nada favorecem a necessária integração de todos eles na sociedade. A coesão social começa, em grande medida, na escola. A maioria dos dados existentes apontam para a dificuldade que muitas delas enfrentam para consegui-la e para o risco de que, dentro de alguns anos, esse processo seja irreversível.

Com quais valores a educação deve se comprometer?

Lembro que na minha época de estudante líamos um livro cujo título era *O rapaz bem-educado* (*El muchacho bien educado*). Incluía algumas

---

[*] N. de T.: Programme for International Students Assessment.

vinhetas que indicavam o que significava ser bem-educado e outras que representavam uma educação ruim. As crianças bem-educadas "levantavam na hora certa", "cumprimentavam e cediam o lugar às pessoas dignas de respeito", "prestavam atenção e mantinham a compostura", "não ficavam brincando na rua, porque os companheiros nem sempre são bons" e "entravam com muito respeito na igreja e iam na frente para oferecer água-benta aos seus pais". A criança mal-educada, pelo contrário, "começa o dia com um ato de preguiça", "sai à rua sem estar corretamente vestida", "é a primeira a desdobrar o guardanapo", "é intrometida e curiosa", "não sabe ficar quieta" e "boceja com descaro até quando deveria ouvir o sermão com atenção e respeito". Como podemos constatar, a boa educação era um assunto de crianças piedosas, obedientes, cumpridoras das suas obrigações e com bons modos. Pouco resta, por sorte, do modelo que esses textos refletiam. Lembrando dessas mensagens, é difícil acreditar naqueles que dizem sentir saudades dos tempos passados no ensino.

Essas vinhetas, além do seu caráter histórico e anedótico, manifestam uma determinada concepção do que deve ser o comportamento dos alunos e sintetizam os valores de uma época. Seria possível fazer desenhos parecidos no século XXI, nos quais se mostrasse a diferença entre os alunos bem-educados e os mal-educados? Seriam esses valores comuns para todos eles? Que "virtudes" se espera ou se deseja que nossos alunos adquiram?

Perguntas como essas se faz Victoria Camps (1994) no primeiro capítulo de seu livro *Los valores de la educación*: com que valores deve se comprometer a educação, uma educação laica, não confessional, que forme o caráter mais autenticamente humano? Podemos falar de um sistema de valores universais? Quais são esses valores? Há uma só ou muitas éticas? Sua resposta é clara e concreta: não temos um modelo de pessoa ideal porque nosso mundo é plural, mas contamos com um conjunto de valores universais, os direitos fundamentais declarados universais em 1948, que possuem a força de orientar nossa ética individual e coletiva.

Essa perspectiva universalista dos valores encontrou um eixo de sustentação na noção de cidadania (Cortina, 2006). Essa visão, de extensa tradição histórica, contribui para dar coerência ao conjunto de valores que, em algumas ocasiões, têm sido colocados de maneira dispersa e serve agora como elemento aglutinante para propor a educação moral dos alunos. A escola deve educar, diz Adela Cortina, nos valores da cidadania por duas razões: porque se pode exigir de todos os membros da sociedade que se comportem como cidadãos e porque, nas sociedades pluralistas, somente os cidadãos podem ser protagonistas da vida moral.

Entretanto, esses valores básicos que derivam da noção de cidadania são declarações genéricas, que não resolvem a maioria dos problemas éticos. Em certas ocasiões, ocorrem contradições quando colidem dois direitos fundamentais. Outras vezes, são as diferenças na interpretação dos fatos ou na implementação dos valores que levam a posições antagônicas. Não é de se estranhar, portanto, que o âmbito dos valores educacionais seja uma questão em permanente controvérsia e discussão. A igualdade, a solidariedade, a violência, a paz, o respeito ao meio ambiente, a sexualidade e o comportamento relacionado às minorias culturais são algumas das questões que evidenciam traços diferentes entre as convicções de umas pessoas e as de outras. As diferenças também se manifestam nos professores e nas famílias, o que torna difícil encontrar um ponto de equilíbrio que satisfaça a todos e que permita uma atividade educativa tranqüila, que conte com o respaldo da imensa maioria. O debate sobre a nova disciplina de Educação para a Cidadania, ao que farei referência no Capítulo 3, é expressão dessa pluralidade de perspectivas.

Todavia os problemas não surgem somente porque existem diferenças entre os diversos grupos na sociedade e na escola. Talvez a contradição mais importante esteja entre os valores que a sociedade transmite de maneira velada, e às vezes explícita, e aqueles que pede que a escola promova em seus alunos. Em uma sociedade abertamente competitiva, individualista, violenta e desigual, exige-se que a escola assuma a responsabilidade de promover a lealdade, a igualdade, a paz e a solidariedade entre seus alunos. Se essa tarefa já é difícil em qualquer circunstância, torna-se ainda mais quando o entorno social da escola se manifesta contrário a tais princípios.

A difícil relação com as famílias

As contradições da sociedade, com relação à educação, têm seus reflexos também na família. Muitas delas acreditam que uma boa educação é uma grande conquista para seus filhos, mas delegam principalmente aos professores a realização das suas expectativas. Além disso, as famílias com escasso capital cultural têm dificuldades para compreender os objetivos das escolas e para ajudar seus filhos nas tarefas escolares. É preciso apontar também as condições em que se desenvolvem as famílias e as pressões que suportam, o que torna difícil, na maioria dos casos, sua ação educadora.

É preciso levar em conta que a estrutura da família está mudando de forma acelerada e que novas formas de relação e de vida em comum estão se consolidando. Por outro lado, uma grande parte das famílias vive em uma situação complicada: o trabalho dos dois membros do casal, a pressão laboral e a rigidez nos horários reduzem as possibilidades de dar maior dedicação aos filhos e de participar nas atividades escolares. Tudo isso faz com que os professores tenham poucas expectativas sobre a atividade educadora das famílias, o que se reforça ao constatar a crescente distância entre a família e a escola, assim como as repercussões negativas que isso tem para o aprendizado e a educação dos alunos. Junto com essa visão pessimista, os professores consideram que um maior envolvimento das famílias na educação de seus filhos é uma das principais condições para melhorar a qualidade do ensino. Vejamos alguns dados que confirmam essas afirmações.

Uma pesquisa realizada com os professores sobre sua situação profissional (Marchesi e Pérez, 2004) revelou a percepção negativa que eles têm quanto ao possível comprometimento das famílias com a educação de seus filhos. Quase metade dos professores (44,2%) responde afirmativamente à pergunta "Os pais se distanciam da educação de seus filhos?", sendo que 24,2% respondem negativamente. Porcentagens similares são encontradas nas respostas para a pergunta "Os pais prestam suficiente atenção às atividades escolares de seus filhos?". Neste caso, mais da metade dos professores das séries finais do ensino fundamental e início do ensino médio manifestam sua discordância dessa afirmação.

Mas se essas respostas são importantes na medida em que expressam a preocupação dos professores no que se refere ao envolvimento dos pais na educação de seus filhos, ainda mais interessantes são as que fazem referência à situação da família. Pouco mais da metade dos professores considera que a convivência na família se deteriorou nos últimos anos e que há pouca comunicação entre pais e filhos. Uma opinião extremamente crítica e que reflete a desconfiança dos professores referente às relações entre os membros da família. Possivelmente, essas avaliações guardam estreita relação com as anteriores: os problemas de relacionamento das famílias influenciam a dedicação dos pais à educação de seus filhos, o que, por sua vez, explica boa parte dos problemas que os professores enfrentam para ensinar seus alunos.

Junto com as avaliações, os professores acreditam que o envolvimento das famílias na educação de seus filhos é um dos fatores fundamentais para melhorar a educação. Foi solicitado aos educadores que escolhessem as cinco condições, entre as 13 apresentadas, que, em seu juízo, iriam contribuir para melhorar a qualidade do ensino. Um maior envolvimento dos pais na educação de seus filhos foi a condição selecionada por 65,2% dos consultados, atrás apenas do aumento do número de professores para divisão das turmas, suporte e redução do número de alunos por professor (77,9% das escolhas) e muito acima de outras, como aumento de recursos materiais, formação dos professores, maior tempo para trabalhar em equipe, mais autoridade do diretor ou um envolvimento maior por parte da administração educacional.

É interessante destacar que essa escolha dos professores é compartilhada pela maioria dos cidadãos. Uma pesquisa do Centro de Pesquisas Sociológicas (CIS, 2005) constatou que a iniciativa mais importante para melhorar a qualidade do ensino, segundo critério da maioria das pessoas consultadas – entre as quais somente uma quarta parte tinha filhos em idade escolar –, seria promover o envolvimento das famílias na educação de seus filhos.

Qual é a opinião dos pais sobre a atitude que mantêm com relação à educação de seus filhos? Admitem sua falta de envolvimento no processo de aprendizagem? O que pensam os alunos? Foi perguntado a ambos se os pais colaboram habitualmente com os deveres escolares dos filhos (Marchesi e Pérez, 2005, 2006). Nesse caso, 79,6% dos pais e 45,4% dos alunos disseram concordar com a afirmação, uma opinião contraditória àquela expressada pelos docentes.

Há, portanto, uma assimetria importante entre as opiniões de professores, pais e alunos quando se trata da dedicação das famílias às atividades escolares de seus filhos: pais e professores fazem avaliações opostas, enquanto alunos-filhos situam-se em uma posição intermediária. Não é difícil interpretar esses dados. Os professores são mais exigentes e dão menos peso à difícil situação das famílias como fator atenuante de responsabilidade; os pais, por sua vez, consideram que fazem muito, dadas as condições em que precisam se desenvolver. Talvez os filhos-alunos sejam os que manifestam uma opinião mais ajustada com o que realmente ocorre em suas casas.

A dedicação das famílias é considerada imprescindível pelos professores, mas o conjunto das respostas dadas por eles expressa uma sensação pessimista quanto à possibilidade real de que ela ocorra. A enorme distância entre o desejado e o possível pode levar os professores a sentirem que não vale a pena fazer um grande esforço para conseguir o envolvimento das famílias. Por outro lado, a organização e distribuição do tempo dos professores não considera especialmente a possibilidade de assessorar as famílias nem a colaboração com elas. Da mesma forma, a ação dos poderes públicos não contribui para que as famílias, especialmente aquelas cujos filhos apresentam maiores dificuldades de aprendizagem, disponham de melhores condições e de ajuda para assumir suas responsabilidades.

O risco de perder a auto-estima profissional

Em outra pesquisa recente (Marchesi e Díaz, 2007), realizada com docentes, a qual se fará ampla referência no próximo capítulo, perguntou-se a eles como consideravam que a sociedade e a administração educacional valorizavam seu trabalho. As respostas foram contundentes: 80,6% manifestaram que a sociedade valoriza pouco ou muito pouco, enquanto 67% deram essa mesma resposta com relação às administrações educacionais. Apesar disso, 92,4% dos docentes estão satisfeitos com seu trabalho e 74,4% não o trocariam por outro. Nessa mesma linha estão situados os dados recolhidos pela Pesquisa de Qualidade de Vida no Trabalho, realizada pelo Ministério do Trabalho e Assuntos Sociais em 2002. Nessa investigação, mostra-se que os trabalhadores do setor educacional são os que têm um nível médio mais alto de satisfação com seu trabalho (7,26 em uma escala de 10 pontos) e que as mulheres estão mais satisfeitas que os homens.

É interessante comparar as opiniões dos professores com as dos pais e com a do conjunto dos cidadãos. Em uma pesquisa realizada com as famílias cujos filhos estão em idade escolar, foi pedida a sua avaliação sobre os professores. Uma opinião positiva foi manifestada por 83,7% delas. Também foi perguntado se estavam satisfeitas com a maneira pela qual os professores ensinavam seus filhos. Responderam afirmativamente 64% dos pais e somente 10% deles disseram estar pouco ou nada satisfeitos. A avaliação da sociedade também é positiva. Uma pesquisa realizada pelo CIS (2006) constatou que a profissão docente é uma das mais valorizadas na Espanha, imediatamente depois de médicos e enfermeiros e à frente de advogados, jornalistas e juízes (ver Figura 1.1).

Como interpretar essa discrepância entre a idéia dos professores sobre a falta de valorização da sua profissão por parte da sociedade e a mensagem que a sociedade lhes devolve por meio das pesquisas sociológicas e das opiniões dos pais? Por que os professores sentem que a sociedade não os valoriza? Possivelmente, as profundas mudanças sociais que estão ocorrendo e as novas exigências feitas ao professorado, sendo que, ao mesmo tempo, não se concedem os recursos necessários nem uma formação suficiente para cumpri-las, geram desamparo, cansaço e sensação de abandono. Os docentes sentem que devem realizar uma tarefa importante e valiosa, mas não percebem essa mesma valorização em sua prática cotidiana.

Talvez, uma das variáveis que ajude a compreender a dificuldade dos professores em perceber algum reconhecimento por parte da sociedade seja que os próprios docentes não dão suficiente valor à sua profissão, nem

O bem-estar dos professores **21**

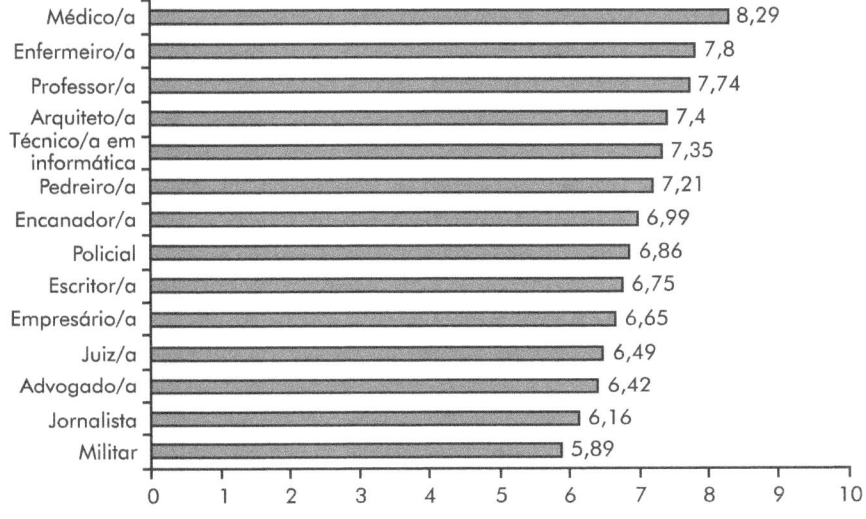

Figura 1.1 Valorização média de profissionais.
Fonte: CIS, 2006

individual nem coletivamente. Além de aumentar a percepção negativa dos professores, esse fator também impede que a sociedade melhore sua opinião positiva sobre a atividade docente.

Uma porcentagem notável de professores dá muito pouco valor ao seu trabalho e não se sente satisfeita pela atividade que desempenha, apesar de afirmar nas pesquisas que não trocaria de profissão. A desmoralização de um grupo significativo de docentes expressa igualmente a sua falta de confiança na tarefa de ensinar e a perda de sentido da ação educadora. Uma desmoralização que tem suas bases na repetida mensagem de os professores não disporem de formação suficiente para enfrentar as dificuldades do ensino, na queixa contínua de determinados setores da sociedade e da comunidade educacional sobre o funcionamento do ensino, na falta de exigência e de estímulos profissionais, na manutenção de uma organização e distribuição do tempo de docência ancorados em épocas passadas, no esquecimento da importância de repensar-se, uma e outra vez, o sentido da atividade docente. As urgências e exigências acumuladas durante anos levam muitos professores a perderem de vista as razões do seu trabalho e a esquecerem o necessário compromisso com os alunos que envolve a atividade docente. Normalmente esses alunos são aqueles cujos comportamentos e atitudes os professores consideram distantes e, inclusive, incompatíveis com os objetivos que o próprio sistema educacional estabelece.

Ademais, os dados quantitativos que os estudos nacionais e internacionais transmitem sobre o sistema educacional espanhol contribuem para reforçar a sensação pessimista: a porcentagem de alunos que estuda até o 1º ano do ensino médio e que repetem de ano alguma vez durante sua vida escolar é uma das mais altas da OCDE*; o gasto público com educação está entre os mais baixos da União Européia e não corresponde ao desenvolvimento econômico do país. Os resultados dos alunos nas avaliações internacionais, como o estudo PISA, indicam que o sucesso na aquisição das competências comunicativas, matemáticas e científicas está abaixo da média dos países participantes. Tudo isso contribui para o crescimento de uma sensação de impotência entre os professores e de descrédito na sua atividade profissional.

A mensagem contínua sobre o mal-estar dos docentes e sobre a incapacidade do sistema educacional e dos seus professores de conseguirem um ensino de qualidade acaba se espalhando entre os cidadãos e confirmando as baixas expectativas de boa parte da opinião pública sobre as possibilidades da educação de enfrentar com sucesso as dificuldades atuais. Diante das mensagens sobre as atitudes negativas dos estudantes, dos conflitos do mundo do ensino, da falta de motivação e preparo dos professores e dos resultados negativos que o sistema educacional obtém, a sociedade responde com uma mistura de compreensão e pena, não isenta de um certo desprezo. É preciso admitir, pensam muitos cidadãos, que a missão de ensinar é muito difícil nos tempos atuais, por isso temos que ser compreensivos com o trabalho dos docentes e não ser muito críticos com seus possíveis erros. Contudo, também é verdade que o sistema educacional não funciona bem e que os professores são parte dele, ou seja, que devem ter alguma responsabilidade.

É preciso destacar, para se fazer justiça, que as próprias administrações educacionais têm contribuído para a baixa valorização dos docentes na sua profissão: o reduzido comprometimento orçamentário na última década, o abandono da formação inicial do professorado, a falta de decisão para modificar o sistema de acesso ao trabalho docente e para estabelecer um desenvolvimento profissional justo e atraente, a timidez das iniciativas em favor dos professores e o temor ao negociar mudanças necessárias são fatores que vêm limitando o prestígio da profissão. Infelizmente, tampouco

---

* N. de T.: Organização para a Cooperação e o Desenvolvimento Econômicos.

os representantes sindicais dos professores são conscientes dos riscos de ficarem presos à reivindicação trabalhista permanente, sem entender que a valorização da profissão docente passa, necessariamente, pela exigência e pela responsabilidade individual e coletiva.

É preciso reconhecer que o sistema educacional espanhol está tentando realizar, em pouco mais de uma década, o que outros países estão praticando há quarenta anos e que a confluência dos problemas multiplica as dificuldades. A extensão do ensino obrigatório até os 16 anos, a mudança das etapas educacionais e do currículo e a incorporação de um crescente grupo de alunos imigrantes, que batem às portas das escolas em qualquer momento do ano, são tarefas que, na maioria dos países da União Européia, iniciaram no fim da década de 1960 e que na Espanha não começaram até os anos de 1990. Além disso, os professores precisam incorporar em sua atividade profissional as exigências da sociedade da informação. É compreensível, então, que os professores se sintam sobrecarregados diante do esforço que lhes é exigido em tão breve tempo e que o desânimo cresça quando percebem o escasso apoio que recebem.

Defrontados com esse risco crescente, a reflexão sobre o significado da sua atividade passa a ser imprescindível. Pouco a pouco, a tarefa docente vai ficando reduzida a um conjunto de técnicas de ensino e exigências aos alunos que estão muito afastadas do espírito e do caráter que deveriam animar o seu trabalho. A concepção da atividade de ensinar como responsabilidade moral e profissional, na qual as relações com os alunos e com os colegas têm um papel central e na qual uma certa paixão por conseguir que todos os alunos ampliem seus conhecimentos faça parte do agir cotidiano, fica, às vezes, reduzida. O ensino fica, então, limitado a uma monótona série de atividades programadas na sala de aula para fazer com que os alunos, em um ambiente com o menor número de conflitos possível, aprendam os conteúdos básicos de um livro didático. Assim o professor segue, ano após ano, à espera da aposentadoria, que por sorte será aos 60 anos, graças à LOGSE*, único mérito que alguns professores atribuem a essa lei.

O DEBATE SOBRE A PROFISSÃO DOCENTE

A primeira questão com que se deparam os estudos sobre a atividade dos docentes é justamente seu *status* social. O que significa o trabalho dos

---

* N. de T.: Lei de Ordenação Geral do Sistema Educacional.

professores? Como se situa com relação ao resto das ocupações e quais são as características que apresenta? A reflexão sobre o tema pode parecer um exercício acadêmico, bastante afastado dos problemas e desafios que devem enfrentar os professores no seu agir diário. Contudo, a análise da profissão docente facilita uma reflexão crítica sobre as tensões e contradições que ocorrem na atividade dos professores.

Não há dúvida de que a atividade realizada habitualmente nas escolas pelos professores é uma ocupação, um trabalho e, dessa perspectiva, é uma forma de prestar um serviço à sociedade em troca de uma remuneração. O trabalho dos professores está, conseqüentemente, submetido à regulamentação trabalhista. Não obstante, a atividade dos docentes se afasta da maioria das ocupações, na medida em que é um serviço público que beneficia o conjunto da sociedade e que, portanto, deve estar governado por algumas normas e valores que garantam seu correto funcionamento. Por isso, a atividade está incluída no que normalmente se entende por profissão.

Entretanto, a atividade docente também se afasta, em dois aspectos básicos, das características próprias de uma profissão. Em primeiro lugar, a autonomia do seu exercício está limitada por um conjunto de prescrições e regulamentações que tentam garantir o direito à educação de todos os alunos e a oferta do serviço educacional em condições eqüitativas. Em segundo lugar, o ensino se afasta da imparcialidade e do distanciamento pessoal da maioria das profissões e inclui, como uma de suas marcas de identidade, o cuidado da relação interpessoal, o envolvimento afetivo e o comprometimento pessoal. Portanto, como afirma Carr (2002), de modo convincente, a educação supõe muito mais do que um conjunto de habilidades técnicas: requer capacidade para ajudar os outros a crescer em sabedoria e discernimento moral, o que exige compreender os outros como fins em si mesmos. A importância de os professores serem capazes de promover o desenvolvimento pessoal e moral dos estudantes pressupõe que eles mesmos disponham desse saber e que possam se tornar referências morais para seus alunos.

Vista sob essa perspectiva, a profissão docente estaria incluída no âmbito da vocação. É verdade que o significado de "vocação" tem sido entendido historicamente como uma resposta altruísta a um chamado externo, o que inclui uma certa predeterminação, ser escolhido para uma tarefa. Não é de estranhar, assim, que os sacerdotes, os religiosos ou os ministros das igrejas falem do seu ministério ou da sua decisão de assumir essas responsabilidades como de uma vocação. Contudo, o termo vocação costuma ser atribuído, também, de forma genérica, àquelas atividades profissionais que exigem, para seu pleno cumprimento, uma boa dose de envolvimento, dedicação e preocupação com os alunos, sem que isso suponha nenhum tipo de chamado externo. Por isso, é coerente afirmar que a atividade docente é uma profissão com forte componente vocacional.

Alguns autores[1] têm apontado que a atividade docente não é nem vocação nem profissão, mas um estilo de vida. Dessa forma, pretende-se destacar que a atividade tem como características básicas a autoridade e a responsabilidade, e que ambas constituem o núcleo central desse estilo de vida. Essa consideração vai no sentido de que o professor deve agir como tal em todos os âmbitos com os quais se envolve. Do meu ponto de vista, essa posição vai além do que seria dado exigir dos docentes. É razoável pensar que em muitos casos isso pode acontecer e, inclusive, que é normal que a atitude do professor em seu trabalho se estenda ao resto de suas atividades, mas não se deve considerar isso como algo inerente à sua profissão.

Em sua atividade de ensinar, o professor deve ser respeitoso com as diferentes alternativas sociais, políticas, morais e religiosas que se apresentam na sociedade e que seus alunos vivenciam, e deve ajudá-los a raciocinar e ser coerentes com elas. Também pode, contudo, vivenciar com paixão uma dessas alternativas e fazer proselitismo em seu favor fora do tempo que dedica à escola, ou manter uma atitude cética com respeito aos valores dominantes, ou viver em confronto com eles. A responsabilidade profissional e moral dos professores circunscreve-se, do meu ponto de vista, ao seu tempo de aula com os alunos e ao seu trabalho na escola. É verdade que não é simples manter uma forma de agir na escola e outra muito diferente quando se está longe da ação educadora, mas nada deve impedir que isso possa ser assim.[2]

A atividade docente supõe, portanto, comprometimento e responsabilidade com os outros. Por isso, como acertadamente defendem Carr (2002) e Hargreaves (2003), o ensino deve ser considerado uma profissão moral, sem que por isso devam ser excluídos outros perfis que também já comentamos. A atividade docente é um trabalho, na medida em que exige uma contrapartida econômica e deve obedecer a regulamentação trabalhista. Também é uma atividade técnica, porque requer conhecimentos elaborados e estratégias diferenciadas para cumprir sua função com eficácia. Ao mesmo tempo, pode ser considerada como uma profissão, dadas as suas características sociais, mesmo tendo menor grau de autonomia e distanciamento que aquelas outras mais tradicionais. É possível utilizar o termo *arte* ao falar da atividade docente, uma vez que exige conhecer cada um dos alunos, entender o contexto em que vivem e aprendem e adaptar os métodos de ensino às necessidades de cada um deles. Mas, além disso, a profissão docente exige que haja uma forma de relacionamento e um envolvimento pessoal para contribuir ativamente com o desenvolvimento intelectual, afetivo, social e pessoal dos alunos. Acho necessário afirmar, também, que uma certa capacidade de altruísmo faz parte do coração do ensinar: daí o termo *moral* para definir a tarefa dos professores.

SOBRE AS COMPETÊNCIAS DOS DOCENTES

O significado da competência profissional

As reflexões expostas até agora não deixam dúvidas de que as funções dos professores têm se modificado de forma acelerada nas últimas duas décadas e que os problemas que eles vivem não estão relacionados somente com as mudanças em sua atividade. Possivelmente, a tensão maior deriva do entorno de incerteza e das permanentes controvérsias entre essas mudanças que devem realizar em seu trabalho. Por outro lado, no caso das séries finais do ensino fundamental e início do ensino médio, a maioria dos professores foram preparados para um tipo de ensino muito diferente do atual, e, portanto, os desajustes existentes podem aumentar.

Esses são temas em destaque nos estudos realizados sobre as mudanças na atividade docente. O aumento das exigências que pesam sobre o professor vem acompanhado de uma ruptura do consenso social sobre a educação e do crescimento das contradições no seio da docência, ao mesmo tempo em que permanecem inalteradas a forma como o ensino está organizado e a distribuição do tempo de trabalho dos docentes, como se não houvesse ocorrido mudança alguma, o que sobrecarrega e causa inquietação nos professores.

Nesse contexto de tensões e incertezas, nos últimos anos vem abrindo caminho, no campo educacional, um conceito já antigo, mas que adquiriu novo vigor: o de competência. Primeiro, foi aplicado à formação dos profissionais, portanto também dos futuros docentes; depois, propagou-se para o ensino fundamental. O conceito de competência profissional surgiu, inicialmente, para caracterizar e definir em que consiste a atividade de cada uma das profissões e para definir os aprendizados necessários à inserção no mercado de trabalho. As competências seriam definidas como as habilidades necessárias para se desempenhar uma determinada tarefa em um contexto laboral determinado. Dessa forma, as competências são estabelecidas a partir da análise de tarefas e possuem um claro componente de eficácia e desempenho dos indivíduos frente a elas.

O conceito de competência foi sendo incorporado progressivamente também na estruturação dos currículos educacionais. Nesse caso, o referencial para a formação não são as competências profissionais específicas de uma profissão determinada, mas o que se conhece como "competências básicas" ou "competências-chave". A partir dessas premissas, os teóricos da educação e os responsáveis pela elaboração dos currículos educacionais empreenderam uma corrida vertiginosa para especificar e consolidar o conceito de competência, determinando aquelas que serão o objetivo da educação de todos os alunos. Tanto a OCDE como a União Européia têm feito das competências a principal referência da sua postura educacional. A LOE* também foi incorporada nessa corrente majoritária: estruturou o currículo em torno das competências básicas e estabeleceu que as decisões sobre avaliação e promoção dos alunos sejam realizadas com base na aquisição dessas competências e que as avaliações institucionais tratem, igualmente, sobre elas. Dá a impressão de que estamos assistindo ao descobrimento de uma fórmula quase mágica para orientar com sucesso o processo de ensino e aprendizagem e é difícil, portanto, ficar à margem dela quando se está escrevendo sobre isso.[3]

É conveniente, contudo, lembrar outra vez da diferença entre as competências que devem adquirir os alunos ao final das diversas etapas educacionais e as competências profissionais que devem possuir os docentes para a correta realização de seu trabalho. Apenas as últimas serão objeto da reflexão posterior.

As competências e o caráter do professor

Os estudiosos do tema já identificaram 225 modelos de competências profissionais. O mais conhecido deles é o promovido pelo Reino Unido e pelos países que tentam estabelecer sistemas nacionais de qualificações profissionais. As competências são definidas em termos de unidades de competência e são desenvolvidas em padrões. A análise funcional é a metodologia mais adequada para identificar e elaborar essas unidades.[4]

---

* N.de T.: Lei Orgânica de Educação.

É possível desenvolver, em torno da noção de competência profissional, tudo o que deve ser exigido dos professores para o desempenho adequado das suas atividades? O trabalho da Agência de Formação de Professores (*Teacher Training Agency*), no Reino Unido, tentou isso. Criada em 1996, a agência desenvolveu um conjunto de competências e padrões, por volta de 50, que devem estar presentes para que o professor obtenha o *status* de professor qualificado (*qualified teacher status*). Os padrões são níveis de execução ou de realização profissional que os professores capacitados devem conhecer, compreender e levar à prática para obter o certificado correspondente. Não há dúvida de que o trabalho desenvolvido é de grande utilidade para se conhecer as competências que devem adquirir os docentes e se orientar nessa direção os modelos de formação e as possíveis avaliações da sua atividade.

Entretanto, é necessário destacar, igualmente, a necessidade de manter o equilíbrio entre as técnicas e habilidades concretas que se exigem dos docentes e a visão global, integradora, reflexiva e dinamizadora que precisa ter um professor para ser considerado um bom docente. O trabalho exige, sem dúvida, técnicas específicas sem as quais é muito difícil cumprir com êxito as tarefas que lhe são encomendadas. Mas essas habilidades necessárias devem estar integradas a disposições mais básicas, capazes de dirigir e apoiar as ações concretas que eles desenvolvem em cada momento. Como assinala com acerto Walsh (1993), o espírito global e integrador da educação deve estar presente em toda prática educacional valiosa. Além disso, o docente deve ser um profissional reflexivo (Schön, 1987), uma vez que continuamente precisará enfrentar situações reais, novas e incertas. As análises sobre a profissão precisam incorporar essa perspectiva se pretendem oferecer um modelo coerente do significado da ação educadora.

Não é simples fazer, nessas páginas, uma análise funcional das unidades e dos padrões associados que deveriam constituir a competência profissional dos docentes. Todavia, é possível e necessário descrever as competências que surgem como imprescindíveis a partir de uma análise da realidade educacional e das exigências sociais nestes tempos de mudança que vivemos.[5] São algumas delas: ser competente para desenvolver o desejo de saber dos alunos e para ampliar seus conhecimentos; estar preparado para zelar pelo desenvolvimento afetivo dos alunos e pela convivência na escola; ser capaz de favorecer a autonomia moral dos alunos; ser competente para desenvolver uma educação multicultural; estar preparado para cooperar com as famílias; poder trabalhar em colaboração e em equipe com os colegas; e ser um profissional intuitivo e reflexivo, mesmo que, nesse último caso, possamos estar no limite das competências, conforme mostrarei no Capítulo 3.

As competências profissionais dos professores devem se referir ao conjunto de saberes (capacidades, conhecimentos, experiências, linguagens, etc.) que lhes permitem cumprir de maneira satisfatória os requisitos estabelecidos para a sua profissão. Contudo, as competências estabelecidas habitualmente para a profissão não esgotam o significado da ação de educar. Existem, também, determinadas disposições que, mesmo sendo necessárias na maioria, por não dizer na totalidade, das profissões, são especialmente importantes na profissão docente. São os princípios que dão impulso ao trabalho de ensinar, as metas capazes de dinamizar e orientar o trabalho e a maneira de se relacionar com os outros. Esses princípios constituem, possivelmente, o caráter do professor, seu estilo profissional, a maneira de estabelecer relações pessoais com aqueles que o rodeiam em seu trabalho, os motivos que respaldam seu agir. Essas disposições poderiam ser resumidas em duas: dinâmica emocional e responsabilidade moral.

É viável considerar, e assim fazem alguns estudiosos das competências profissionais, que o equilíbrio emocional dos professores e seu compromisso ético podem, da mesma forma, fazer parte das competências profissionais. Entretanto, não considero apropriada essa postura. O significado estrito da competência no âmbito profissional refere-se fundamentalmente à aplicação dos conhecimentos ou capacidades, e não só, nem principalmente, a sua posse. A nova formação profissional baseada na competência adota um enfoque segundo o qual a simples aquisição de conhecimentos, capacidades e demais atributos não garante cumprir ou creditar um determinado padrão ou norma de competência, senão que é necessário, também e sobretudo, demonstrar essas habilidades na prática.

As competências, portanto, devem ser cumpridas ou creditadas e devem ser diretamente passíveis de avaliação. A partir dessa perspectiva, resulta difícil incluir, entre as competências dos professores, elementos tão pessoais como o sentido da sua ação, a intencionalidade, o afeto, a confiança, o compromisso moral, a compaixão ou a sensibilidade perante a iniquidade existente na educação. Além do mais, se o significado das competências profissionais dos docentes incluísse não só o seu saber e o seu saber fazer, mas também os fatores relacionados com seu equilíbrio afetivo, com sua maturidade moral e com suas disposições pessoais, existiria o risco de ser tão amplo que acabaria se perdendo.

Nesse ponto, é importante dizer que as competências e disposições básicas dos professores não são adquiridas nem se manifestam de maneira plena no começo da sua vida profissional, senão que se desenvolvem, se completam ou se deterioram ao longo dessa trajetória. A aquisição de uma habilidade determinada atravessa, assim, diferentes fases, o que deve ser considerado na valoração do trabalho dos professores e na formação de que eles necessitam. Dreyfus e Dreyfus (1986), por exemplo, apontou cinco etapas no desenvolvimento e consolidação das competências: iniciante, iniciante avançado, competente, hábil e especialista[6]. Em todas elas há uma forma específica de relação entre os conhecimentos em ação e a motivação dos profissionais.

Os professores, portanto, deverão adquirir, atualizar e consolidar, ao longo da sua vida profissional, tanto suas competências profissionais como suas disposições básicas no que tange ao equilíbrio afetivo e à responsabilidade moral. Existe, sem dúvida, uma estreita relação entre elas; esquecer essa relação leva, em ocasiões, a perder de vista o significado e as características da atividade docente. Carr (2004) traz um exemplo em que essa necessária relação aparece claramente: a autoridade do professor e a forma de conservar um ambiente ordenado na sala de aula. Para manter um clima de estudo em uma turma de adolescentes cujas capacidades e motivações são muito diversas, o professor deve ter adquirido um conjunto de qualidades, de personalidade e de caráter, de nível muito diferente das habilidades técnicas que são listadas em determinados programas de intervenção educacional. É verdade, reconhece Carr, que ambos os tipos de aquisições são necessárias, mas é improvável, afirma o autor, que as últimas cheguem a ter eficácia sem a ajuda das primeiras. E conclui com um parágrafo esclarecedor:

> Assim, os bons professores precisam já ter adquirido um certo caráter ou firmeza de propósito, exibir um autocontrole que represente algum grau de paciência e de controle do temperamento, ponderar a justiça para todos no que se refere aos defeitos e fraquezas dos indivíduos específicos, ser confiado e sensível, possuir humildade na justa medida – temperada, talvez, por uma predisposição a não se levar muito a sério – além de, é necessário dizê-lo, ter o tipo de conhecimento, de paixão e de entusiasmo por aquilo que ensinam, capaz de despertar o interesse dos outros.

A descrição das principais competências profissionais dos docentes é o tema abordado no Capítulo 3. Nos capítulos seguintes são analisadas as duas disposições básicas que constituem o caráter dos professores e que devem facilitar o desenvolvimento das principais competências profissionais: equilíbrio emocional e compromisso moral. Antes de tudo isso, no próximo capítulo, faço um breve percurso pela história profissional dos docentes, um modo de compreender melhor sua vida, seus conhecimentos, seus afetos e seus valores.

NOTAS

1. Ver, por exemplo, as reflexões de P. Hogan (2004), em *Teaching and learning as a way of life*. Também J. Dunne e P. Hogan (eds.), em *Education and practice. Upholding the integrity of teaching and learning*. Oxford: Blackwell.
2. Não pensa assim a maioria dos professores quando manifesta em uma pesquisa sua concordância com a afirmação de que um bom professor deve comportar-se em sua vida em consonância com os valores que ensina para seus alunos. No Capítulo 2 comento esses dados.
3. O livro de César Coll (2007) sobre o significado das competências básicas é uma referência obrigatória.
4. O livro de Asís Blas (2007), *Las competencias profesionales en la formación profesional*, contém informação completa sobre este tema.
5. Perrenoud (1999) descreveu dez competências profissionais para os docentes: organizar e dirigir situações de aprendizagem; administrar o progresso do aprendizado; planejar e estimular a atenção diferencial dos alunos; envolver os alunos com seus aprendizados e com seu trabalho; trabalhar em equipe; participar da administração da escola; informar e conseguir o compromisso dos pais; utilizar novas tecnologias; enfrentar os deveres e dilemas éticos da profissão; e administrar a própria formação contínua.
6. O governo britânico diferenciou um tipo de professores que denominou *Advanced Skills Teachers* (Professores com Habilidades Avançadas) e que seriam representativos do nível mais elevado de desempenho profissional. Para avaliá-los, estabeleceu seis padrões no ano de 2006: seus alunos atingem bons resultados de acordo com seu nível prévio; os professores são excelentes na sua disciplina e no planejamento de suas aulas, possuem grandes habilidades para ensinar e manter a disciplina e, também, para oferecer apoio positivo e eficaz aos alunos com necessidades educacionais especiais, inseguros ou com problemas de conduta, são excelentes na sua habilidade para avaliar os alunos e seu próprio ensino e manifestam uma alta capacidade para orientar e apoiar seus colegas. Disponível em: www.teachernet.gov.uk/professionaldevelopment/ast/

2

A HISTÓRIA PROFISSIONAL DOS PROFESSORES

ETAPAS NA VIDA PROFISSIONAL

A maior parte dos estudos sobre professores se refere à categoria como um grupo bastante coeso e com atitudes e traços similares: "os professores estão cansados e desanimados" ou "os docentes sentem que são maltratados pela opinião pública" são afirmações que descrevem o estado de ânimo de um grupo profissional como se seus membros o constituíssem de forma homogênea. É possível que a maioria dos professores tenha atitudes similares perante determinados temas, mas também é previsível que surjam diferenças entre eles em função de algumas variáveis: a etapa educacional em que trabalham, o sexo e os anos de docência. Entre todas elas, talvez a última dimensão tradicionalmente tenha sido a mais esquecida, quem sabe pelas dificuldades de considerá-la, talvez pela sua relação com outras mudanças que acontecem no ciclo vital das pessoas, ou ainda, porque determinadas reações e valorizações dos professores são encontradas em todas as idades.

Convém destacar, entretanto, que a idade não é o fator principal das mudanças ou dos momentos de crise que vivem os professores; em muitos casos, é possível que sejam as transformações educacionais que desencadeiem as etapas críticas e orientem o seu desfecho (um tipo de reforma educacional, uma mudança de escola, uma nova equipe diretiva, a presença de alunos diferentes dos habituais, a necessidade de ministrar uma disciplina diferente, as novas exigências, uma experiência inovadora ou um conflito de difícil solução com os alunos). Provavelmente, esses também não são processos independentes: as experiências acumuladas pelo professor ao longo dos anos e sua atitude profissional permitem explicar sua reação diante dos novos acontecimentos educacionais.

O que as recentes pesquisas tornam evidente é que os professores precisarão enfrentar situações muito diversas ao longo de sua vida profissional devido às mudanças na educação e ao estilo de vida das novas gerações de alunos. Pouco a pouco e ano após ano, o professor vai acumulando informação e experiência, mas percebe, da mesma forma, a dificuldade de se adaptar às mudanças. Esse longo processo, que transcorre em paralelo com suas experiências de vida fora do âmbito da docência e que se entrelaça com elas, conduz, em seus pólos opostos, a uma atitude dinâmica baseada em expectativas positivas sobre as possibilidades da sua atividade educadora ou a uma posição desalentada, cuja origem encontra-se na percepção de que o esforço no ensino não vale a pena. Entre ambas há uma infinidade de alternativas que podem se modificar ao longo do tempo, seja por transformações no meio laboral e profissional, seja por mudanças na própria disposição do docente, ou, na maior parte dos casos em que isso acontece, devido à interação entre a atitude do professor e o contexto em que realiza seu trabalho.

As pesquisas sobre o desenvolvimento dos docentes mostram que a sua vida profissional normalmente atravessa determinadas fases. A partir de estudos empíricos e de entrevistas com educadores e professores, foram formuladas algumas seqüências que tentam abranger as mudanças que ocorrem ao longo do ciclo laboral nas suas trajetórias profissionais. A maioria dos estudos apontaram para seis grandes períodos: formação inicial, iniciação, estabilização, novas preocupações, afastamento ou responsabilidade e declínio profissional, quando se aproxima a idade da aposentadoria.

Uma parte importante das propostas relacionadas à vida profissional dos docentes têm como referência teórica alguns modelos próprios da psicologia do desenvolvimento, como o de Erikson (1980) ou o enfoque do ciclo vital. A partir da década de 1970, surge, no âmbito dos estudos evolutivos, a orientação do *life-span* ou *ciclo vital*. Essa nova direção, com sua ampliação dos estudos para abranger a maturidade e a senectude, sua visão do desenvolvimento como sendo multidirecional, ou seja, orientado para metas diversas, que não são universais nem necessárias, e a importância que atribui aos processos sociais e culturais, contribuiu para ampliar a visão e o conhecimento de que as mudanças ocorrem ao longo de toda a vida, e não podem ficar restritas às etapas da infância e da adolescência. A extensão dessa perspectiva para vida profissional significou levar em consideração que também existem fases ou ciclos na trajetória profissional das pessoas, que eles não são universais nem necessários e que podem ser vivenciados com atitudes diferentes, às vezes opostas. A partir desse ponto de vista, tanto a disposição pessoal quanto as experiências profissionais, ambas em estreita interação, contribuem para o bem-estar ou para o mal-estar dos profissionais, para o seu dinamismo ou para a sua estagnação.

A proposta que me parece mais instigante é a que foi formulada há mais de uma década por Huberman (1992) (ver Figura 2.1). Seu modelo de desenvolvimento profissional tem uma base firme na teoria de Erikson, especialmente ao incluir em suas etapas de mudança um conflito entre dois pólos opostos. Um dos seus principais acertos é vincular a trajetória profissional do docente com suas experiências educacionais ao longo dos anos e destacar os momentos de crise que orientam em uma ou em outra direção sua vida profissional. Sua análise leva-o a identificar determinadas fases que normalmente estão presentes na carreira da maioria dos membros da profissão, sem que isso implique a invariabilidade do processo ou sua generalização para todos os professores.

A primeira fase é a de entrada na profissão e nela coexistem dois temas principais: a sobrevivência e o descobrimento. A necessidade de sobreviver surge, para a maioria dos educadores e professores – principalmente para aqueles sem experiência prévia como docentes –, quando

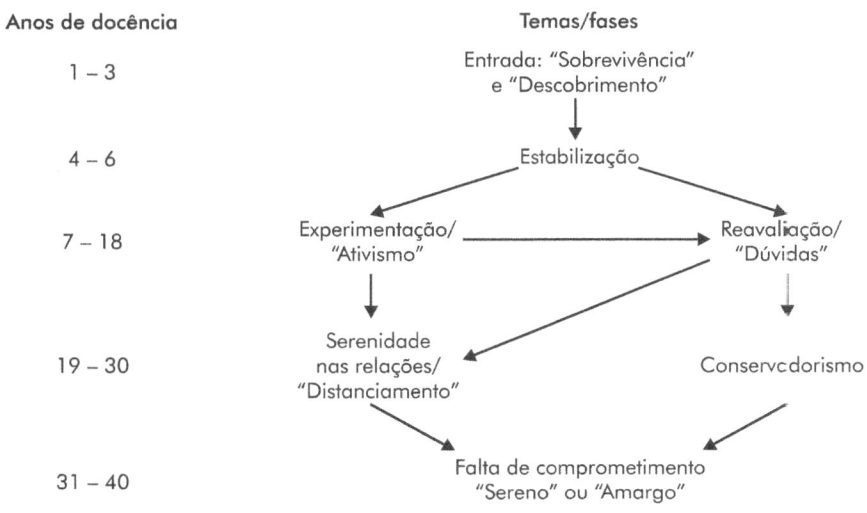

Figura 2.1 Temas sucessivos do ciclo profissional dos docentes.
Fonte: Huberman (1992, p. 127).

eles precisam enfrentar as dificuldades em ensinar todos os seus alunos, manter a ordem na sala de aula, dar atenção à diversidade, enfrentar uma variedade de obrigações e conseguir o reconhecimento da equipe de professores.

Junto com as preocupações iniciais, os docentes principiantes também vivem com ilusão o início da sua vida profissional e estão motivados para descobrir e aprender. A experiência positiva de ter um grupo de alunos, uma turma e alguns objetivos educacionais, e a de sentir-se membro de uma equipe e responsável pelas tarefas que lhe foram atribuídas, faz com que os professores se reúnam com seus colegas, perguntem, comparem experiências e descubram as possibilidades da tarefa de ensinar.

A fase seguinte, de estabilização, geralmente começa a partir do quarto ano de atividade profissional e corresponde à percepção subjetiva de que existe um compromisso pessoal com a atividade docente. O professor sente-se seguro em seu trabalho, já conhece uma variedade de métodos docentes, já estabeleceu relações positivas com alguns colegas e recebe normalmente o reconhecimento da maioria deles. É respeitado e ouvido nas reuniões e pode fazer propostas ajustadas à realidade educacional na qual está trabalhando. É uma etapa de tranqüilidade e de iniciativas profissionais.

A partir desse momento, de acordo com a análise de Huberman, as trajetórias dos docentes podem ser divergentes. Um dos itinerários possíveis é o que está marcado pela *experimentação* e pela *atividade*. Os professores sentem-se capazes de desenvolver novas estratégias ao ensinar seus alunos. Sua maior experiência e segurança leva-os a propor iniciativas diversas e a intervir de maneira ativa no funcionamento da escola. O itinerário alternativo está marcado pelas dúvidas quanto ao sentido da atividade docente. Na segunda década de trabalho, um conjunto significativo de professores questiona seu comprometimento profissional e, inclusive, estuda outras opções de trabalho. As dificuldades, a monotonia e a percepção da falta de reconhecimento social estão na base desta avaliação. Contudo, como aponta Huberman, praticamente não existe evidência empírica de que a maioria dos professores atravesse uma crise semelhante àquela que ocorre na metade da vida. Não obstante, há uma constatação maior de que entre os 35 e os 45 anos ocorrem momentos específicos nos quais a maioria dos professores faz um balanço profissional.

Posteriormente, o ciclo vital dos professores, no que diz respeito à sua profissão, segue por caminhos diferentes e pode passar por uma fase de *serenidade*. A perda de energia física leva a uma etapa de relaxação e tranqüilidade, na qual os professores sentem que dominam melhor a prática. Por outro lado, o resultado do ciclo de experimentação ativa, ou de avaliação crítica e de dúvidas, pode conduzir a uma fase de *conservadorismo*. Os professores olham para o passado e lá encontram aspectos mais positivos do que na situação atual: melhores alunos, menos problemas, condições de trabalho mais positivas, maior valorização social, objetivos e valores mais específicos e partilhados pela maioria. Huberman diz que essa fase reflete, também, a relação entre a idade e o dogmatismo, um vínculo encontrado nos estudos do ciclo vital: maior prudência, aumento da resistência à inovação, saudade do passado e aumento da preocupação em conservar o que se tem, mais do que em conseguir aquilo que se deseja.

A última fase do ciclo profissional dos docentes é a da falta de comprometimento. Às vezes esse compromisso menor se traduz em um progressivo distanciamento dos eventos que ocorrem na escola e em um menor interesse por participar nos conflitos internos e nas lutas pelo poder no âmbito da instituição. Os professores trazem uma reflexão maior e um estilo de trabalho mais tranqüilo frente aos projetos de inovação e mudança, que são mais próprios de etapas anteriores. Essa fase pode ser vivenciada com maior serenidade ou com maior amargura, dependendo, em grande medida, da trajetória profissional percorrida por cada professor.

Nas páginas seguintes, adentro com prudência na vida profissional dos docentes com três ferramentas na mão. A primeira, à qual acabei de me referir, é o modelo de Huberman, que me permite organizar de maneira coerente a narrativa das vidas profissionais dos professores. A segunda, são as próprias opiniões dos docentes, que foram recolhidas em duas pesquisas, uma realizada na Espanha (Marchesi e Díaz, 2007) e outra no Brasil (Pérez Soares, 2007[1]). A terceira ferramenta consiste nas histórias profissionais de educadores e professores, contadas por eles mesmos em diversas entrevistas realizadas ao longo do ano de 2006. A partir de todo esse material, diferenciei cinco etapas na vida profissional dos professores: a formação inicial, os primeiros anos, a etapa do conhecimento da profissão docente, o período de maturidade e os anos finais na profissão. De algum modo, lembram os grandes períodos vitais, adaptados ao desenrolar da atividade profissional: preparação para a vida, infância, juventude, maturidade e senectude. Em todos eles, vivem-se situações de conflito que podem levar ao desânimo ou ao comprometimento, o que se concretiza de maneira diferente em cada etapa. A disposição com que cada professor responde a esses conflitos e a maneira como os resolve vai marcar sua auto-estima, sua satisfação profissional e a forma como vai entrar na etapa seguinte.

A estrutura do capítulo esconde uma perspectiva transversal-longitudinal: todas as etapas da vida profissional dos professores estão narradas na mesma data, 2007, mas cada uma delas tem uma trajetória diferente, expressão do seu tempo no ensino e das mudanças sociais e educacionais que cada grupo de idade foi vivendo. Por isso, é difícil saber se o que hoje pensam e sentem os professores com mais de trinta anos de docência será semelhante ao que irão pensar e sentir aqueles que agora estão começando, quando se aproximarem do fim da sua vida profissional (em 2040!). A idade não será o único fator a ter influência, nem os anos de dedicação à profissão, mas principalmente a vida que tiverem vivido e a disposição para navegar através dela.

OS FUTUROS PROFESSORES

Apesar de a história profissional dos docentes começar no seu primeiro dia de aula, é preciso reconhecer, da mesma forma, que o tempo dedicado à universidade é uma fase prévia que inquestionavelmente incide em suas vivências posteriores. As razões pelas quais escolheram os estudos de *maestros* ou de professor,[2] a formação que recebem, as experiências pelas quais passam nas escolas durante a fase de estágio, as relações com docentes já em exercício e as suas expectativas pessoais e profissionais vão configurando o embrião do seu futuro caráter profissional. Por essa razão, achei importante começar a tratar da trajetória dos docentes pelos anos de formação.

A quase totalidade dos estudos e análises realizados sobre o professorado destaca as diferenças entre os docentes da educação infantil e do ensino fundamental (também há diferenças entre ambos, sem dúvida) e os do ensino médio. Tradicionalmente considera-se que os professores da educação infantil e do ensino fundamental escolhem seus estudos com o objetivo de exercer a profissão no futuro, enquanto uma alta porcentagem dos futuros professores do ensino médio se orienta para a docência à medida que não encontra trabalho na área da sua especialização inicial: matemática, física, literatura, etc. A idéia mais generalizada é a de que os primeiros se preocupam com a educação e estão mais preparados para cuidar da dimensão afetiva, social e moral dos alunos; já os professores do ensino médio são competentes no ensino das suas disciplinas, mas não se sentem bem formados e às vezes também não acham que seja sua responsabilidade o cuidado de dimensões relacionadas ao desenvolvimento social e pessoal de seus alunos. Além do mais, geralmente considera-se que a maioria dos docentes da educação infantil e do ensino fundamental são mulheres, ao passo que, no ensino médio, a porcentagem está equilibrada. Esse dado, e o fato de que provavelmente existe um estilo próprio das mulheres de vivenciar as relações afetivas e o significado do comportamento moral (Noddings, 1984), pode estar influindo nas concepções que alguns estudantes têm sobre os valores da educação.

A pesquisa realizada na Espanha analisou as opiniões dos estudantes que queriam ser *maestros* da educação infantil e das séries iniciais do ensino fundamental e professores das séries finais do ensino fundamental. Um dos temas estudados foi o possível comprometimento maior e a vocação dos *maestros* com seu trabalho, se comparados aos professores das séries finais do ensino fundamental, o que geralmente é atribuído à escolha inicial de estudos diretamente relacionados com a educação. Os dados obtidos confirmam essa valoração habitual (ver Tabela 2.1).

Tabela 2.1 Porcentagem de estudantes para Maestros e do Curso de Especialização Pedagógica que respondem concordo ou concordo plenamente às perguntas sobre sua atitude com relação à profissão docente

	Estudantes a Maestros	Estudantes do Curso de Especialização Pedagógica.
Quis ser *maestro* ou professor porque tinha vocação. *	49.4	16.7
Ainda que encontrasse outro trabalho similar, não deixaria a docência.	87.7	66.7
Se tivesse 18 anos, escolheria uma carreira que levasse à docência.	85.7	42.1
Gostaria de dedicar toda a minha vida profissional à docência.	82.2	48.2
Acredito que serei um professor bom ou muito bom.	80.5	60.4

*Esta era uma opção entre cinco possíveis.

A diferença das respostas é muito nítida e mostra dois perfis claramente diferenciados. A metade dos *maestros*, diante de cinco alternativas diferentes que lhes eram oferecidas, selecionou aquela que fala explicitamente de vocação. Outras alternativas eram o gosto por ensinar, o tempo livre, a falta de outras opções e o fato de ter uma atividade de acordo com a formação recebida. Somente 16,7% dos futuros professores escolheram essa opção. Por essa razão, mais de 80% dos primeiros voltaria a fazer estudos de magistério e não pensa em deixar seu trabalho docente. Além disso, os estudantes de magistério fazem uma auto-avaliação positiva: 80% deles acreditam que serão bons professores.

O perfil do professor é diferente, mas também se ajusta bastante a algumas das características que são compartilhadas no imaginário educacional. Em primeiro lugar, não se sente próximo ao termo "vocação". À margem das conotações do termo, o mais significativo é que a metade dos *maestros* não têm nenhum problema em escolher essa alternativa, enquanto somente 16,7% dos professores se sentem identificados com a denominação.

O resto das respostas também indica que o futuro professor não tem certeza de que irá dedicar toda a sua vida à docência, nem descarta a possibilidade de escolher outro trabalho se achar interessante. Da mesma forma, não acredita que o mais positivo seja cursar algo que leve diretamente à docência nem se considera tão bom professor como os *maestros*. Tem-se a impressão de que o futuro professor do está dividido entre seu interesse científico e profissional pela área em que cursou sua licenciatura e sua motivação pela dedicação docente.

Finalmente, também foi apontado que os *maestros* e os professores são diferentes em seus valores educacionais e nos objetivos que atribuem à tarefa de ensinar. Em parte devido a uma presença feminina maior, em parte pelo maior compromisso com a educação, e em parte, também, pelas características das etapas educacionais em que devem ministrar a docência, considera-se que *maestros* são mais sensíveis e preocupados com o desenvolvimento afetivo e moral de seus alunos que os professores. Mas estes últimos, pelo contrário, teriam um preparo científico maior e uma orientação que visa prioritariamente à ampliação dos conhecimentos dos alunos.

Igualmente existem diferenças nos valores de uns e outros. Os dados obtidos no estudo já citado e apresentados na Tabela 2.2, destacam que os futuros *maestros* estão mais preocupados com a felicidade dos alunos e com o clima de tolerância, enquanto os futuros professores são mais sensíveis à justiça, à responsabilidade e à competência profissional.

Tabela 2.2	Porcentagem de estudantes para *maestros* e do Curso de Especialização Pedagógica que respondem *concordo* ou *concordo plenamente* às seguintes afirmações relacionadas com os valores dos docentes (cada uma das frases era uma opção entre cinco possíveis)

	Estudantes a Maestros	Estudantes do Curso de Especialização Pedagógica
Ser capaz de utilizar uma metodologia variada será minha principal virtude no trabalho docente com os alunos.	16,6	26,8
Estar preocupado com todos os meus alunos será minha principal virtude no trabalho com os alunos.	59,4	40,2
Gostaria que meus alunos fossem, principalmente, pessoas justas.	26,5	47,7
Gostaria que meus alunos fossem, principalmente, pessoas felizes.	64,6	45,6
A virtude mais importante para a sociedade é a tolerância.	56,2	43,3
A virtude mais importante para a sociedade é a responsabilidade.	22,4	31,4
A virtude mais importante para a educação é a tolerância.	23,4	15,0
A virtude mais importante para a educação é a competência profissional.	19,8	32,6

O ESTUDO SOBRE AS EMOÇÕES E OS VALORES DOS PROFESSORES BRASILEIROS

A pesquisa realizada, em 2007, no Brasil, com mais de 3.500 professores, principalmente do ensino fundamental, proporcionou uma imagem bastante completa do que vivem, sentem e desejam os docentes no exercício da sua profissão. Nesta seção, são apresentadas as respostas que mostram mudanças significativas em função dos anos de experiência docente.[3] Seu objetivo é contribuir para a compreensão das etapas da vida profissional que são descritas a seguir. Agrupei as perguntas em quatro blocos: satisfação com a profissão docente, valores dos professores, sentimentos e, finalmente, opiniões sobre a qualidade da educação.

Com relação à satisfação no trabalho docente, incluímos neste capítulo as respostas para três perguntas: satisfação com as condições de trabalho, comparação da situação atual com a que tinham no começo do trabalho no ensino e atitude com relação às reformas educacionais (ver Tabela 2.3). Como se pode comprovar pela leitura dos dados, apesar da difícil situação na qual precisam desenvolver sua atividade profissional, principalmente em determinadas regiões, os professores brasileiros não estão insatisfeitos com suas condições de trabalho e manifestam uma atitude positiva face às possíveis reformas e inovações na área educacional. Um dos dados mais destacados é a opinião dos professores mais velhos. Diante do cansaço encontrado em estudos realizados em outros países,[4] as respostas oferecidas por este grupo de docentes evidenciam uma atitude inclusive mais positiva que a dos grupos de professores mais jovens.

Para mostrar alguns dos valores dos professores, selecionei dois assuntos: a manifestação de opções políticas no trabalho na sala de aula e a coerência entre os valores da vida privada e os que são ensinados na escola. A Tabela 2.4 mostra as respostas dos professores para as perguntas relacionadas a esses assuntos.

Na primeira delas, constata-se que os professores se posicionam majoritariamente a favor de evitar a adoção de posições políticas na sala de aula, algo com que concordam os professores de todas as idades, ainda que progressivamente com menos força. Parece, então, que os professores com

Tabela 2.3	Porcentagem de respostas *concordo* ou *concordo plenamente* para determinadas afirmações referentes à satisfação profissional em função dos anos de experiência				
	Menos de 3	**Entre 3 e 10**	**Entre 10 e 20**	**Entre 20 e 30**	**Mais de 30**
Estou satisfeito com minhas condições de trabalho.	54,7	46,3	43,7	47,2	68,6
Estou muito mais, um pouco mais ou tão satisfeito agora como/do que ao iniciar meu trabalho docente.	66,1	69,1	70,8	59,3	58
Quando são lançadas reformas e mudanças no campo educacional, considero uma possibilidade interessante*	41,6	42,1	48,5	37,6	47,3

*Esta era a opção mais positiva entre cinco possíveis

Tabela 2.4 | Porcentagem de respostas *concordo* ou *concordo plenamente* referentes às atitudes políticas e à coerência dos professores em função dos anos de experiência

	Menos de 3	Entre 3 e 10	Entre 10 e 20	Entre 20 e 30	Mais de 30
O professor deve evitar tomar posições políticas na sala de aula.	61,8	69,7	63,7	66,8	54,5
Um bom professor deve comportar-se na vida de acordo com os valores que ensina aos alunos.	79,8	81,3	85,0	89,3	96,3

mais de 30 anos de docência estão mais politizados, o que possivelmente é um reflexo da sua própria história educacional. É preciso reconhecer, contudo, que a pergunta era bastante ambígua; portanto, não é fácil interpretar as respostas. A pergunta vai no sentido de que os professores devem evitar os temas políticos, o debate e o seu posicionamento sobre eles? Ou quer indicar que não devem defender posições partidárias, específicas de uma determinada opção política? Compartilho da opção majoritária dos professores se o que eles defendem é que qualquer tipo de doutrinamento partidário deve ser evitado. Entretanto, concordaria mais com as posições minoritárias se a pergunta foi entendida como deixar fora da escola os debates sociais com uma forte carga política: guerras, terrorismo, casamentos homossexuais, censura, desigualdades, pobreza, etc. Em cada um deles, o professor deve contribuir para que os alunos construam sua própria visão, apresentando a eles as diferentes opções e as razões de uns e de outros e favorecendo o diálogo e a troca de pontos de vista.

As respostas para a segunda pergunta indicam, em sua maioria, que o bom professor deve se comportar na vida de acordo com os valores que ensina aos seus alunos, uma posição que se aproxima da unanimidade entre os docentes com mais de 30 anos de profissão. As respostas defendem, então, que a ética pessoal que se tem no trabalho docente deve ter continuidade nas atividades que o professor realiza fora do seu trabalho. O professor, possivelmente pela responsabilidade com as novas gerações e pela sua coerência pessoal, deveria ser professor, de alguma maneira, também fora da sua atividade profissional pelo menos nas suas atitudes éticas fundamentais.

Perguntas de outro tipo referiam-se aos sentimentos que os professores vivenciam no seu trabalho. Em algumas delas, foi perguntado sobre a satisfação que experimentam (ver Tabela 2.5). Entre as diferentes opções apresentadas, a maioria dos professores escolheu ser considerado um bom professor. Em segundo lugar, selecionaram o reconhecimento de ser uma pessoa íntegra. Como podemos comprovar, existe um decréscimo da primeira opção nos professores com mais experiência, que vem acompanhado por um aumento na segunda alternativa.

Outra pergunta referia-se às atitudes dos pais que provocavam maior insatisfação nos professores. A Tabela 2.6 mostra as respostas agrupadas segundo os anos de docência. Como podemos comprovar, o sentimento mais insatisfatório provém, em todas as idades, da falta de preocupação dos pais com a educação de seus filhos; entretanto, os professores com

Tabela 2.5 | Porcentagem de respostas* selecionadas sobre o sentimento que proporciona maior satisfação no trabalho, em função dos anos de experiência

	Menos de 3	Entre 3 e 10	Entre 10 e 20	Entre 20 e 30	Mais de 30
Reconhecimento de ser um bom professor.	50,8	54,9	55,0	49,8	41,1
Reconhecimento de ser uma pessoa íntegra	22,0	21,9	21,2	24,2	32,3

* Foram apresentadas outras três alternativas: afeto dos colegas, reconhecimento de ser um bom colega e apoio nos momentos difíceis. Todas elas foram escolhidas nos últimos lugares, nos diferentes intervalos de idade.

Tabela 2.6 | Porcentagem de respostas* concordo ou concordo plenamente referentes às atitudes dos pais que provocam sentimentos mais insatisfatórios, segundo os anos de experiência

	Menos de 3	Entre 3 e 10	Entre 10 e 20	Entre 20 e 30	Mais de 30
Que não se preocupem com a educação dos seus filhos.	74,2	71,9	77,9	69,6	54,8
Que critiquem ou desautorizem os professores.	11,6	15,5	10,6	12,5	29,4

* Foram apresentadas outras três alternativas que foram menos selecionadas pelos docentes.

mais tempo de docência dão especial importância às críticas dos pais sobre seu trabalho.

Também foi perguntado aos professores sobre o significado que atribuem à qualidade na educação. Uma das perguntas referia-se ao fator que, do seu ponto de vista, tem maior importância na qualidade do ensino (ver Tabela 2.7). O trabalho do professor na sala de aula é considerado o fator mais importante, seguido, a muita distância, pelo funcionamento da escola e pela colaboração das famílias. É preciso apontar as diferenças que se observam entre os professores em relação a sua experiência. Enquanto os professores jovens dão mais importância à colaboração das famílias em detrimento do trabalho na sala de aula, o peso do fator familiar diminui significativamente na medida em que vai sendo adquirida mais experiência docente. Ao mesmo tempo, aumenta de maneira progressiva a valorização da ação do professor na sua aula. Dá a impressão de que os professores com mais experiência atribuem a si mesmos uma maior responsabilidade sobre a qualidade do ensino, em contraposição à opinião dos mais jovens, que selecionam também, e com importância semelhante, fatores externos, como o apoio das famílias.

Outra pergunta relacionada com a qualidade do ensino refere-se ao estilo de trabalho dos professores. Como podemos comprovar na Tabela 2.8, segundo as respostas dos professores, a forma de trabalho individual perde importância com a idade e a experiência, ao mesmo tempo em que o trabalho em equipe vai, claramente, adquirindo protagonismo.

Tabela 2.7	Porcentagem de respostas* *concordo* ou *concordo plenamente* referentes ao fator considerado mais importante para a educação dos alunos

	Menos de 3	Entre 3 e 10	Entre 10 e 20	Entre 20 e 30	Mais de 30
O trabalho do professor na sala de aula	39,1	58,7	62,8	51,6	68,5
O funcionamento da escola	14,2	17,7	18,6	21,6	11,1
A colaboração e o apoio das famílias	36,8	19,2	15,7	15,0	11,5
A personalidade do professor	5,1	3,7	2,4	9,7	8,5
Os recursos disponíveis da escola	4,8	0,7	0,4	2,2	0,3

| Tabela 2.8 | Porcentagem de respostas* concordo ou concordo plenamente que se referem como o professor planeja habitualmente seu trabalho |

	Menos de 3	Entre 3 e 10	Entre 10 e 20	Entre 20 e 30	Mais de 30
De maneira individual	30,6	28,6	25,5	18,1	20,2
Em grupo	30,7	35,1	37,8	45,1	60,0

* Foram apresentadas outras três alternativas que estavam entre as opções individuais e em grupo.

OS ANOS INICIAIS

Normalmente se pensa que os primeiros anos de docência são bastante traumáticos. À falta de experiência e à insegurança profissional soma-se o desconhecimento das técnicas docentes. Por outro lado, como comentam alguns professores, não é raro os recém-chegados assumirem a responsabilidade por grupos que nenhum outro professor deseja, ou terem um horário ou uma distribuição das aulas bastante complicados. Possivelmente é assim que ocorre nas primeiras aulas ou inclusive nos primeiros meses, mas não é a tônica habitual dos primeiros anos. Por sorte para a educação, os anos iniciais são vividos pelos novos professores, tanto do Ensino Fundamental quanto do Ensino Médio, com satisfação e com uma avaliação positiva. É um tempo de experiência, de rápido aprendizado, de abertura e de provação. Além disso, é muito provável que os colegas tenham maior consideração face aos seus possíveis erros e que estejam mais dispostos a ajudá-los e a cooperar com eles.

Os professores jovens, de acordo com os dados apresentados no Quadro 2.3, sentem-se bastante comprometidos com o trabalho e não têm dúvidas em afirmar que estão melhor do que em anos anteriores. São anos positivos, nos quais os problemas são encarados com bom ânimo. Reforça essa possibilidade o fato de que a maioria dos professores sente-se mais satisfeita no momento de completar a pesquisa do que nos anos anteriores, apesar de 33,9% deles afirmarem que se sentem menos satisfeitos do que no passado. A tônica geral dos professores é, portanto, o progresso, a melhora, a satisfação profissional crescente ao longo dos seus primeiros anos de trabalho.

Contudo, há outros dados que expressam insegurança no seu trabalho e dificuldades para fazê-lo em colaboração com o resto dos colegas. Os professores novatos, por exemplo, são os que atribuem mais importância às famílias quando se trata de qualidade do ensino, em comparação à atribuição dos outros professores, que indicam seu próprio trabalho na sala de aula como fator mais importante. Além do mais, os jovens são os que apresentam mais problemas para trabalhar em grupo. É provável que esses dados escondam situações conflituosas ou negativas vivenciadas durante seus primeiros anos de docência.

Os professores jovens apresentam diferenças dos de mais idade quanto ao sentimento que lhes dá mais satisfação no trabalho (ver Tabela 2.5): enquanto os jovens associam a satisfação profissional principalmente ao reconhecimento pelo seu trabalho docente, os que têm mais experiência dão crescente importância ao fato de serem pessoas íntegras. Não é difícil encontrar a relação dessa mudança com a tendência observada na pergunta sobre se os professores devem se comportar em sua vida de acordo com o que ensinam aos seus alunos. Para os docentes jovens, o compromisso deve estar circunscrito ao âmbito educacional: devem ser valorizados principalmente pela atividade profissional que realizam. Para os mais velhos, a docência é mais do que ser um bom professor, e seu desempenho não pode ficar reduzido ao âmbito escolar: por isso, preferem ser valorizados como pessoas íntegras.

A ETAPA DO CONHECIMENTO DA PROFISSÃO DOCENTE

A maioria dos estudos sobre o desenvolvimento profissional dos docentes refere-se a essa segunda etapa como a de estabilização. Os professores sentem-se mais seguros, dominam melhor questões importantes do ensino e as relações com alunos, colegas e pais e participam com naturalidade da cultura própria da etapa educacional em que ensinam. É o momento de desenvolver iniciativas inovadoras, de colaborar em projetos da escola e de atualizar determinadas metodologias.

Não há dúvida de que essas características são acertadas e de que o professor passa por um período de estabilidade profissional. Entretanto, preferi denominar a etapa como sendo de conhecimento da profissão docente. Depois das primeiras experiências e dos ajustes iniciais, fase em que o professor contou com maior apoio e compreensão por parte dos colegas e na qual muitos dos erros eram desculpados – e praticamente a única coisa que lhe era pedida era que "se defendesse" nas aulas e fosse um bom colega – o professor começa a adentrar nas responsabilidades da profissão. São os anos em que constata as possibilidades e dificuldades do trabalho docente, quanto custa desenvolver um projeto, as vantagens do trabalho com os colegas, mas também as tensões que algumas vezes há entre eles. O professor passa, então, a participar de forma ativa na micropolítica escolar, sente a frustração de não conseguir determinados objetivos e começa a refletir sobre sua dedicação, sobre seu tempo e sobre as exigências da atividade.

É verdade que o professor já conhecia o que era o trabalho no ensino, tanto pelos estágios feitos quando ainda estudante como pelos seus primeiros anos de docência. Mas agora passa a conhecer seu trabalho desde um papel ativo e como protagonista, a partir de um maior número de anos de experiência acumulada. Não pode mais ficar à margem dos problemas e dos debates, aliás precisa adotar uma postura diante dos acontecimentos que afetam o ensino: as reformas, a política da administração educacional, os percalços da sua escola, a admissão de alunos, os novos alunos, o estabelecimento de normas, as sanções, os valores, a coordenação com seus colegas, as mudanças no ensino e tantos outros temas que exigem dos professores uma reflexão e uma resposta. Então começam a conhecer a realidade da profissão, suas possibilidades e suas frustrações, de forma mais profunda que naqueles primeiros anos nos quais quase tudo era vivenciado mais superficialmente, devido ao desejo de sobreviver no ensino e pela satisfação, em muitos casos, de ter finalmente conseguido um trabalho estável.

Os anos do conhecimento, aproximadamente dos cinco aos 15 anos de experiência docente, de modo geral, coincidem com a etapa de independência pessoal: formação de uma família, nascimento e crescimento dos filhos, maiores responsabilidades, novas satisfações, exigências e dificuldades. O avanço dos professores no conhecimento da sua profissão e na sua responsabilidade pelo trabalho vem acompanhado de um processo similar na vida pessoal e familiar. Sem dúvida, os sucessos e fracassos em cada um desses âmbitos – profissional e familiar – terão uma permanente influência recíproca.

Nessa etapa geralmente é feita uma revisão dos valores, expectativas e responsabilidades que o professor está vivenciando em sua atividade. São os anos em que se forma o caráter do professor, em que sua dedicação ao trabalho se orienta para a inovação ou para a revisão crítica. Por isso podemos falar, de acordo com as propostas de Huberman, de dois pólos diferenciados: em um extremo estariam aqueles professores nos quais predomina a inovação e o dinamismo; no outro, aqueles que começam a viver o ensino com desânimo e com uma relativa paralisia profissional.

Os fatores que influenciam na orientação dos professores em uma ou em outra direção são muito variados. As experiências docentes dos anos iniciais são importantes, bem como os colegas que se encontra, cujo exemplo, positivo ou negativo, deixará sua marca na disposição básica do professor. A confiança e a segurança na própria competência profissional são fatores que determinam a atitude dos professores, levando-os a enfrentar ativamente novos desafios profissionais ou a viver qualquer mudança como uma ameaça ao seu equilíbrio profissional. Os próprios valores dos professores, sua responsabilidade pessoal e profissional e suas experiências de vida à margem da docência também são fatores que influenciam de maneira decisiva naquilo que, no capítulo 1, chamei de *caráter do professor*.

Trata-se, portanto, de uma etapa de conhecimento "desde dentro" da profissão docente, de descobrimento dos seus aspectos positivos e negativos, de assumir responsabilidades. É, possivelmente, a principal etapa da carreira, a que vai marcar, a menos que surjam exigências e acontecimentos inesperados, a dedicação futura do professor e aquela em que ele toma consciência de que vale a pena o compromisso com a educação dos alunos. Ou, do contrário, é o momento em que passa a pensar que quase nada pode ser feito além de sobreviver da melhor maneira possível.

Essas mudanças aparecem em alguns dados recolhidos na pesquisa. Por uma parte, os professores nessa etapa dão maior importância ao seu trabalho na sala de aula como fator de qualidade no ensino. Há avanços em sua participação no trabalho em equipe e eles se sentem mais satisfeitos do que em anos anteriores. Por outra, contudo, são mais críticos no que se refere às suas condições de trabalho.

Os estudos realizados e os dados obtidos indicam que, entre os cinco e os 15 anos de experiência docente, estamos em um período de conhecimento da realidade educacional, das novas experiências e de responsabilidade. Um período em que coexistem tendências e influências para o dinamismo ou para o desânimo e que irá marcar a orientação posterior dos docentes: comprometimento ou ceticismo.

Tempo de maturidade

O período de maturidade profissional começa, normalmente, a partir dos 15 anos de docência. O professor já experimentou as dificuldades e as possibilidades do ensino e começou a acumular cansaço e frustrações, ainda que também, em muitos casos, satisfação e experiências de sucesso profissional. Inicia-se esse longo período de trabalho no qual a maioria dos professores se sente segura, salvo alguma mudança social ou educacional que os obrigue a fazer uma revisão dos seus objetivos educacionais, da metodologia que utilizam ou da sua forma de trabalho.

Mas junto com essas transformações educacionais e sociais, há outras mudanças que os professores com maior experiência constatam e que, possivelmente, apresentam tantas ou mais dificuldades que as anteriores: a atitude das famílias com respeito à educação e à aprendizagem dos seus filhos e a atitude dos próprios alunos com respeito ao seu aprendizado. Muitos desses professores queixam-se amargamente de que as famílias não colaboram na educação dos seus filhos e que essas crianças se desenvolvem em um ambiente excessivamente permissivo, no qual tudo conseguem sem esforço, o que faz com que esse valor necessário na aprendizagem tenha perdido grande parte do seu significado para os alunos.

A atividade profissional dos docentes no período de maturidade avança em paralelo com sua maturidade pessoal. O professor está agora em uma idade que podemos situar entre os 40 e os 55 anos e constata, na maior parte dos casos, que já cumpriu ou que não conseguiu realizar grande parte das suas aspirações anteriores. Normalmente seus filhos já cresceram e estão terminando seus estudos ou começaram a trabalhar e a viver de forma independente. O companheiro/a, os amigos, as relações sociais e os afetos já se consolidaram ou são vivenciados com a percepção de que já não é tão fácil iniciá-los ou encontrar novas alternativas.

Uma situação similar ocorre no desenvolvimento profissional dos docentes. As expectativas, as ilusões e os projetos ou já foram realizados, pelo menos em parte, ou é difícil que ainda se mantenha a motivação e a energia necessária para cumpri-los. Esse costuma ser um tempo de balanço e de reflexão, no qual o professor avalia as conseqüências pessoais do seu esforço e da sua dedicação e conclui, de modo muitas vezes mais intuitivo e empírico do que racional, que valeu a pena o que fez e que deve prosseguir nessa direção. Do contrário, ele percebe que foi um trabalho por demais ingrato, que nem os alunos, nem as famílias, nem a administração educacional têm sido capazes de valorizar, chegando à conclusão de que não compensa um envolvimento maior do que o estritamente exigido.

Alguns dados da pesquisa realizada pela Fundação SM evidenciam essas diferenças e visões contrapostas que vivem os professores na sua etapa de maturidade. Em torno de 40% deles estão menos satisfeitos com seu trabalho neste momento do que quando iniciaram sua atividade e apenas 37% encara as reformas educacionais como uma possibilidade interessante. Essas porcentagens são as mais baixas entre todas as faixas etárias.

As percepções diferenciadas surgem, também, quando se valoriza o futuro da sociedade e o presente da educação. Quando se pergunta a eles se a sociedade vai progredir ou regredir no século XXI, 73% dos docentes com experiência profissional entre 21 e 30 anos considera que haverá um progresso moderado. Entretanto, quando respondem se a educação tem melhorado ou piorado nos últimos anos, 58,1% afirma que tem piorado. Os professores são otimistas com relação ao progresso da sociedade, mas pessimistas quanto ao progresso da educação. São convicções aparentemente contraditórias, mas que refletem confiança nas áreas com as quais eles não se sentem diretamente envolvidos e desconfiança com aquilo a que dedicaram sua vida profissional e no que, possivelmente, não viram realizados nem recompensados seus esforços.

Finalmente, convém não esquecer que os dados gerais descritos em momentos anteriores estão sujeitos ao risco de obscurecer as diferenças que existem entre os professores, diferenças essas que também refletem as histórias narradas pelos próprios docentes. Como na maioria das etapas da profissão, aqui existem duas trajetórias diferenciadas, às quais já me referi em páginas anteriores: dedicação e ceticismo. A etapa de maturidade é um tempo de reflexão e de balanço que pode decantar em uma ou em outra direção, com múltiplos altos, baixos e posições intermediárias.

OS ANOS FINAIS NO TRABALHO DOCENTE

Depois de 30 anos de atividade, os professores adentram na última fase da sua vida profissional. Não é de estranhar que muitos deles se sintam cansados, em parte pela sua dilatada trajetória profissional, com tantas convulsões e mudanças, e em parte, também, pela perspectiva de uma aposentadoria já próxima. Para muitos deles, os projetos a médio prazo perdem sentido, e sua principal preocupação está em diversificar os interesses e planejar o tempo, já bastante próximo, em que abandonarão sua atividade profissional. O normal, portanto, é o distanciamento da atividade profissional e o menor envolvimento com o trabalho, que é suprido pela experiência acumulada e pelo domínio do ofício de ensinar, ainda que, como será comentado a seguir, existam nesse período grandes diferenças entre os professores.

Contudo, os professores brasileiros com mais tempo no ensino não mostram uma atitude negativa. Pelo contrário, possuem um espírito animado e inovador, inclusive em um grau mais alto do que seus colegas mais jovens. São o grupo que atribui maior valor às suas condições de trabalho e um dos que enfrentam as reformas educacionais com melhor disposição. Além disso, eles são os que expressam uma preferência maior pelo trabalho em equipe, em detrimento do trabalho individual, e que consideram que os professores são os responsáveis máximos pela qualidade do ensino, face a outros tipos de atribuições externas.

Não se deve esquecer, todavia, que essa tendência positiva esconde, ao mesmo tempo, importantes diferenças nesse grupo de professores. Dos docentes, 30% está insatisfeito com suas condições de trabalho, e uma porcentagem similar deles também não está satisfeita com seu papel. Em torno de 80% considera que nem a sociedade nem os responsáveis educacionais valorizam os professores, uma cifra que, por outro lado, é igual em todas as faixas etárias. Dos professores com mais experiência, 42% está menos satisfeito com a docência agora do que no início do seu trabalho, e 62% considera que a educação tem piorado nos últimos anos.

Como assinala Huberman em seu modelo de desenvolvimento profissional, na última etapa da vida laboral dos professores – denominada *falta de comprometimento* –, coexistem duas trajetórias diferenciadas: a aposentadoria tranqüila e a serenidade e o pessimismo e a amargura. Os dados que se expressam na pesquisa apontam que existe uma porcentagem maior de professores que pode ser situada no pólo da serenidade e, inclusive, da participação ativa no melhoramento da educação. Eles ainda conservam a ilusão e sustentam, inclusive quando próximos da aposentadoria, que uma reforma ou mudança na educação não significa risco de problemas ou perda de tempo, mas possibilidade interessante que vale a pena ser explorada. Possivelmente, são os professores que, ao longo da sua vida, viveram o ensino como um desafio e um esforço coletivo em benefício dos seus alunos e da melhoria da sociedade.

SOBRE O MAL-ESTAR E O BEM-ESTAR DOCENTE

No Capítulo 1 mencionei o risco de que o ânimo dos professores decaia devido às exigências sobre seu trabalho, às tensões geradas e à falta de apoio percebida por eles. Nas páginas anteriores, manifestei minhas reservas sobre a possível generalização desta descrição: nem todos os professores estão abatidos, nem sua situação é a mesma em todas as etapas da vida profissional. É necessário, portanto, refletir em torno das razões que levam alguns professores a se sentirem cansados e desmoralizados, e outros a manterem o ânimo e a ilusão.

Nas literaturas psicológica, educacional e profissional, a exaustão sofrida pelos profissionais com amplas exigências sociais é conhecida pela palavra inglesa *burnout*: "estar queimado". Nos países latinos, tem sido amplamente utilizada no âmbito educacional a denominação mais genérica de *mal-estar docente*, apesar de ser seu significado menos intenso que o termo anglo-saxão. Uma tradução mais precisa e adequada poderia ser *exaustão* ou *estafa*.

A estafa profissional começou a ser pesquisada a partir dos anos de 1970 como uma crise vital e profissional dos trabalhadores relacionados aos serviços sociais. Pouco a pouco, foi se configurando um corpo teórico que tem orientado um grande número de pesquisas. O mal-estar é conceitualizado em termos de três componentes inter-relacionados: o esgotamento emocional, que supõe o sentimento de se estar sobrecarregado pelas exigências e tensões emocionais; a despersonalização, que aponta para a relação insensível ou distante com aqueles que devem receber sua atenção profissional; e a redução de conquistas profissionais, que se refere à redução da competência e do sucesso no trabalho (Maslach e Reiter, 1999).

Vivenciar a estafa profissional significa, portanto, a confluência de experiências negativas no âmbito emocional, pessoal e social e na área dos projetos profissionais. Não é apenas uma sensação de perplexidade, nem uma percepção das dificuldades profissionais, nem tampouco um conflito com os colegas, os pais ou os alunos. Trata-se de uma experiência global e profunda, que afeta os fundamentos do trabalho, da competência profissional, das relações pessoais e do sentido da sua atividade. A sensação de estafa interfere na motivação, nos projetos e nas ações dos professores e faz com que eles percam, ou pelo menos reduzam seriamente, sua capacidade de se relacionar e de se interessar pela situação educacional de seus alunos.

Quais são os fatores que determinam o mal-estar docente? A maioria das pesquisas mostra que a falta de apoio social, as características do contexto escolar, o deficiente funcionamento das escolas, as difíceis relações entre o professor e seus alunos, além de determinadas variáveis pessoais dos docentes, são as dimensões que explicam essa situação profissional negativa (ver Figura 2.2). Não são fatores independentes, aliás intervêm em estreita interação: o apoio social e o funcionamento das escolas, por exemplo, são percebidos e interpretados por cada um dos professores de acordo com sua visão da realidade educacional e da sua competência profissional. A mesma coisa ocorre nas relações com os alunos: o sucesso no trabalho docente está ligado ao estilo de ensino do professor e ao comportamento de seus alunos. Entretanto, não há dúvida de que as complicadas situações sociais e um contexto educacional problemático constituem o principal fator desencadeante do mal-estar dos professores.

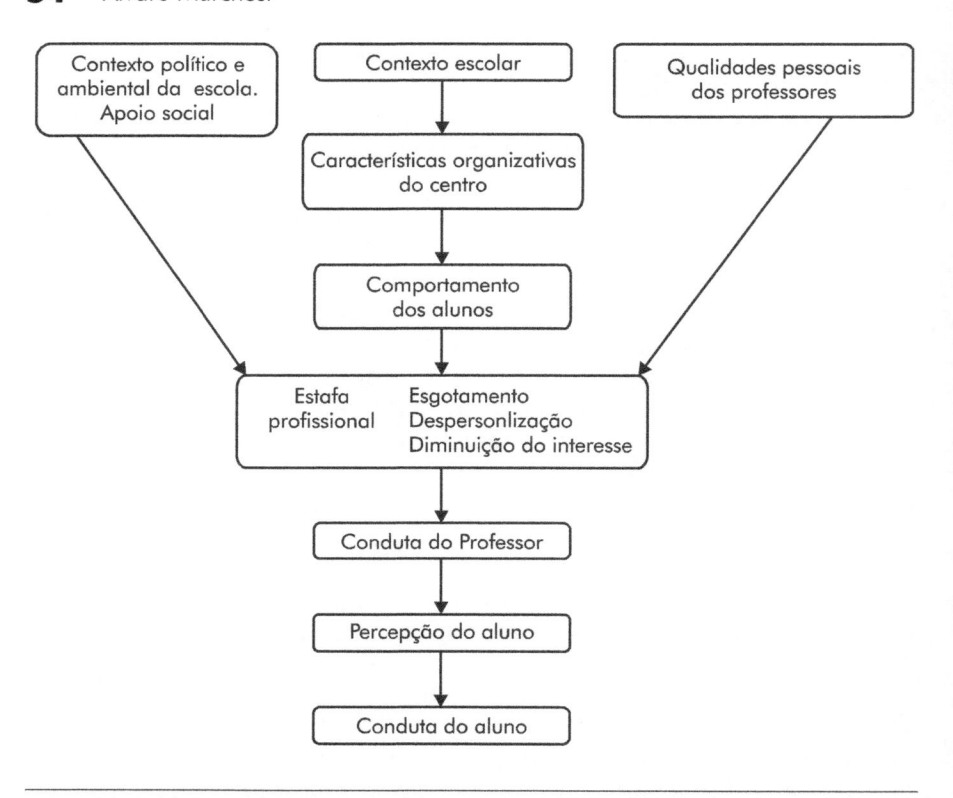

```
┌─────────────────────┐      ┌─────────────────┐      ┌─────────────────────┐
│ Contexto político e │      │ Contexto escolar│      │ Qualidades pessoais │
│ ambiental da escola.│      └────────┬────────┘      │   dos professores   │
│    Apoio social     │               │               └─────────────────────┘
└─────────────────────┘               ▼
                          ┌───────────────────────────┐
                          │ Características organizativas│
                          │        do centro          │
                          └─────────────┬─────────────┘
                                        │
                                        ▼
                              ┌──────────────────┐
                              │  Comportamento   │
                              │    dos alunos    │
                              └────────┬─────────┘
                                       │
           ┌───────────────────────────┴───────────────────────────┐
           ▼                                                       │
   ┌──────────────┬──────────────────────────┐
   │    Estafa    │      Esgotamento         │
   │ profissional │     Despersonlização     │
   │              │  Diminuição do interesse │
   └──────────────┴──────────────┬───────────┘
                                 ▼
                     ┌──────────────────────┐
                     │ Conduta do Professor │
                     └──────────┬───────────┘
                                ▼
                     ┌──────────────────────┐
                     │  Percepção do aluno  │
                     └──────────┬───────────┘
                                ▼
                     ┌──────────────────────┐
                     │   Conduta do aluno   │
                     └──────────────────────┘
```

Figura 2.2 Modelo proposto sobre a estafa profissional dos professores. Adaptado de Maslach e Leiter (1999).

Nessa situação, somente os muito competentes e com qualidades pessoais sólidas conseguem manter o bom ânimo. Não obstante, os professores às vezes se sentem sufocados mesmo quando realizam seu trabalho em condições sociais e educativas favoráveis. Nesse caso, a origem do mal-estar situa-se principalmente na personalidade do docente e na maneira pela qual ele enfrenta seu trabalho.

A menção ao apoio social recebido encobre múltiplas influências. Umas são mais distantes, mas nem por isso menos influentes, como a valorização profissional percebida. Outras, pelo contrário, estão mais próximas e têm uma incidência direta no comportamento dos alunos e nas possibilidades dos professores. Entre as que estão no segundo caso é preciso destacar o contexto sociocultural em que vivem os alunos e a colaboração das famílias na atividade educativa. Como já foi assinalado, a maioria dos professores considera que nem a sociedade, nem as administrações educacionais, nem as famílias valorizam e apóiam o suficiente seu trabalho, o que aumenta o risco de mal-estar. Muitos professores, além disso, desempenham sua tarefa educadora em contextos sociais desfavorecidos, o que aumenta a dificuldade do seu trabalho.

O contexto escolar é, sem dúvida, outro fator que incide no possível mal-estar do professorado. O desajustamento entre as tarefas que os professores devem realizar e as condições e apoios que recebem para desempenhá-las é uma das variáveis que mais influenciam. As demandas conflitantes que vivenciam os docentes também foram consideradas como um fator gerador de tensão e desânimo, assim como a ambigüidade do papel do professor. O sistema de formação do professorado, a maneira como se realiza a seleção, a existência, ou não, de uma carreira profissional estimulante e o tipo de relação que se estabelece entre a administração educacional e os professores, da mesma forma, têm um impacto notável nas suas vivências profissionais.

Em estreita relação com o contexto escolar, temos que situar a organização e o funcionamento das escolas. A liderança do diretor é, possivelmente, uma das dimensões que mais influenciam na situação dos professores. Sua capacidade para elaborar um projeto coletivo, para evitar conflitos e negociar soluções e para criar uma cultura que facilite o trabalho docente é um elemento fundamental nessa atividade profissional. O abandono dessas funções aumenta a tendência ao conflito e favorece o mal-estar. Outro fator que aumenta a tensão dos docentes é sua falta de envolvimento nas tarefas coletivas. A participação no funcionamento da escola favorece a motivação, a auto-estima e a satisfação no trabalho. Da mesma maneira, é preciso destacar que a cooperação e o apoio entre os professores é outra dimensão básica nesse âmbito, principalmente quando as condições de ensino dos alunos são especialmente complicadas. Os conflitos habituais nas relações com os colegas ou o sentimento de isolamento profissional fazem aumentar a tensão e o desânimo.

Não há dúvida de que o comportamento dos alunos está vinculado ao contexto escolar e ao funcionamento da escola, mas é preciso reconhecer que tem uma influência específica. O maior ou menor interesse dos alunos na aquisição dos objetivos da escola, a sua participação no processo de ensino e aprendizagem e o tipo de conduta que apresentam, sobretudo se é anárquica ou violenta, exercem um inquestionável efeito na satisfação profissional dos docentes.

No entanto, todos esses fatores sociais e educacionais interagem com as características pessoais dos docentes, tornando necessário considerá-las quando se analisa a possível estafa dos professores. O comportamento dos alunos e seu interesse da aprendizagem, por exemplo, depende em grande medida da autoridade do professor na sala de aula e do seu estilo de ensino. Mas a relação não ocorre somente no nível do trabalho na sala de aula: a forma pela qual os professores trabalham com as famílias, enfrentam a adversidade, o modo como se relacionam com seus colegas, colaboram no funcionamento da escola ou a capacidade de pedir e receber ajuda são fatores que também têm grande impacto no seu bem-estar ou no seu mal-estar profissional. Não é difícil constatar que, em contextos sociais e educacionais similares, alguns professores estão desanimados e outros, contudo, mantêm o bom ânimo. Sem dúvida, a história pessoal e profissional dos docentes está na origem dessas diferenças.

Quais são as características dos docentes que guardam uma relação mais estreita com sua função e, conseqüentemente, cuja presença ou ausência incide com mais força em sua satisfação ou insatisfação profissional? Já as mencionei no capítulo anterior, mas é positivo recuperá-las nesta breve análise sobre o mal-estar e o bem-estar dos docentes: em primeiro lugar, a formação ou, dito com a terminologia já utilizada, as competências profissionais adquiridas; em segundo lugar, a confiança, a auto-estima e o equilíbrio emocional; e, finalmente, o comprometimento moral com a tarefa de ensinar todos os alunos.

É preciso, por conseguinte, analisar os fatores protetores e dinamizadores da atividade docente que favoreçam o bem-estar. Muitos deles não dependem dos professores: a valorização e o apoio social, os recursos disponíveis, o contexto sociocultural dos alunos e a colaboração das famílias. Mas há outros, especialmente aqueles relacionados com suas competências e disposições pessoais, que devem ser cuidados tanto pelos próprios professores como pelos responsáveis educacionais: o fortalecimento das competências profissionais, o equilíbrio emocional e o comprometimento moral.[5] Nesses fatores está contida grande parte das chaves do bem-estar dos docentes e a eles é dedicado cada um dos capítulos seguintes.

NOTAS

1. Perez Soares, T. (2007). *As emoções e os valores dos professores brasileiros*. São Paulo: Fundação SM e Organização dos Estados Iberoamericanos (OEI).
2. É preciso considerar que não existe uma correspondência plena entre os níveis educacionais da Espanha e do Brasil. Na Espanha, a Educação Infantil e a Educação Primária estendem-se dos 3 aos 12 anos e são responsabilidade dos *maestros*, que têm uma formação universitária específica para o ensino. Dos 12 aos 18 anos, os alunos cursam a Educação Secundária, dividida em duas etapas: a primeira é

obrigatória e tem duração de quatro anos; a segunda é o *Bachillerato*, com duração de dois anos e similar aos últimos anos do Ensino Médio. Os professores que ensinam na Educação Secundária devem cursar estudos universitários na carreira da sua especialidade (Matemática, História, etc.) e posteriormente fazer um ano de especialização pedagógica. As diferenças entre os estudos de *maestro* de Educação Infantil e Primária e os de professor de Educação Secundária são notáveis.
3. Alguns dos dados incluídos neste capítulo não coincidem com os do texto original porque foram incorporadas novas respostas e os dados obtidos originalmente foram depurados.
4. O desânimo dos professores espanhóis com mais de 30 anos de experiência docente é muito maior que o dos professores brasileiros.
5. Um estudo de Hopkins e Stern, realizado em 10 países e publicado em 1996, chegou a resultados similares ao estabelecer as seguintes características do bom professor: comprometimento, afeto pelos alunos, conhecimento da didática específica da disciplina ensinada, domínio de múltiplos modelos de ensino e aprendizagem, reflexão, troca de idéias e trabalho em equipe.

3

AS COMPETÊNCIAS PROFISSIONAIS DOS PROFESSORES

O relatório Delors (1996) apresentou, em uma instigante formulação, as competências dos alunos que serão imprescindíveis ao longo de sua vida:

> Para cumprir o conjunto das missões que lhe são próprias, a educação deve estar estruturada em torno de quatro aprendizagens fundamentais, que no transcurso da vida serão, para cada pessoa, em certo sentido, os pilares do conhecimento: aprender a conhecer, ou seja, adquirir os instrumentos da compreensão; aprender a fazer, para poder influenciar o próprio entorno; aprender a viver em conjunto, para participar e cooperar com os demais em todas as atividades humanas; e, finalmente, aprender a ser, um processo fundamental que agrupa elementos dos três anteriores.

Parece coerente, dessa forma, que os professores possuam as competências profissionais necessárias para contribuir para que seus alunos atinjam esses objetivos. Já abordei no Capítulo 1 o significado das competências profissionais e listei aquelas que me parecem imprescindíveis para o desempenho qualificado da atividade docente: ser capaz de favorecer o desejo de saber dos alunos e de ampliar seus conhecimentos, cuidar do seu desenvolvimento afetivo e social, facilitar sua autonomia moral, ser capaz de desenvolver uma educação multicultural, estar preparado para colaborar com os pais e ser competente para trabalhar em equipe. A descrição de cada uma dessas competências se estende ao longo deste capítulo. No final, em uma última seção, sugiro a importância de que os professores desenvolvam, também, sua capacidade intuitiva e sua visão estratégica a partir de uma reflexão sobre a experiência pessoal.

SER COMPETENTE PARA FAVORECER O DESEJO DE SABER DOS ALUNOS E AMPLIAR SEUS CONHECIMENTOS

Envolver os alunos com suas aprendizagens

Em certas ocasiões, os professores consideram suficiente, para o bom desempenho da sua atividade, quando são capazes de projetar situações de aprendizagem bem-estruturadas e seqüenciadas que facilitem aos alunos a ampliação de seus conhecimentos. Não há dúvida de que é uma competência necessária – nada simples, por outro lado –, que exige traduzir os conteúdos da disciplina em objetivos de ensino já adequados segundo os conhecimentos prévios dos alunos. Contudo, é necessário dizer que essa é uma competência insuficiente. É preciso dar um passo a mais e incorporar, entre os objetivos prioritários do ensino, a necessidade de despertar o desejo do saber dos alunos e de fazer com que se envolvam na atividade de aprender. É um objetivo ainda mais difícil quando se constata que certo número de alunos praticamente não estão interessados no que é apresentado na sala de aula e estão ali mais por "imperativo legal" do que por vontade própria.

A primeira dificuldade, portanto, é a atitude dos alunos, sobretudo daqueles que se sentem afastados dos objetivos do ensino. Não é o momento de deter-me nas raízes da falta de motivação e de interesse[1] de determinados alunos, basta dizer que neles há uma mistura de incapacidade de entender as tarefas escolares e de realizá-las, de falta de perceber sentido no esforço necessário para a aprendizagem, de sensação de inutilidade na atividade escolar e de perda da auto-estima. Tudo isso, mais ou menos presente em cada aluno, leva ao tédio, à desvinculação e, em ocasiões, a ações anárquicas na sala de aula.

Entretanto, às vezes também se apresenta uma segunda dificuldade em conseguir que os alunos se interessem pela aprendizagem: os programas escolares estabelecidos. Já assinalei, no Capítulo 1, que algumas vezes as exigências da aprendizagem são tão amplas que se corre o risco de que os conteúdos do ensino cresçam de forma ilimitada. As conseqüências disso podem ser programas sobrecarregados, a ponto de impedir a elaboração de atividades diversificadas, a participação dos alunos e um ritmo sossegado de aprendizagem. Apesar desses obstáculos, os professores devem estar preparados para projetar situações de aprendizagem que provoquem nos alunos o desejo de aprender mais, que façam com que encontrem sentido nas suas aprendizagens e que lhes permitam comprovar, pela própria experiência, que o conhecimento avança quando é encarado com esforço e dedicação, bem como com curiosidade, ilusão e descobrimento.

É preciso destacar novamente que é muito simples fazer essa afirmação, mas muito difícil colocá-la em prática. Não só é complicado organizar algumas unidades didáticas que interessem os alunos, como é ainda mais difícil estabelecer uma seqüência completa dos conteúdos exigidos, integrando variedade metodológica e experiências didáticas atraentes. O professor que é capaz de organizar seu curso dessa maneira é, sem dúvida, um bom professor.

Quatro habilidades são especialmente úteis para alcançar esse objetivo. A primeira é que o docente esteja, ele mesmo, interessado no conhecimento que pretende que seus alunos aprendam. É difícil promover o desejo de saber se nós mesmos não o manifestamos ao ensinar. Mas, convém dizer isto também, a paixão do professor pelo conhecimento deve estar acompanhada pela sua competência para transmiti-lo e para facilitar a aprendizagem dos alunos. Daí a importância das outras competências, que são descritas a seguir, porque quem é sábio em uma disciplina não necessariamente é o melhor professor. Às vezes entedia seus alunos, surpresos pelas coisas tão estranhas que comovem seu professor.

A segunda habilidade é relacionar o que é aprendido na sala de aula com aquilo que o aluno vivencia fora dela e, no movimento inverso, trazer para a sala de aula determinados acontecimentos e experiências ocorridos à margem do trabalho escolar. Essa habilidade exige uma constante sensibilidade do professor para estabelecer relações entre os objetivos da aprendizagem e o que acontece em seu entorno: mudanças tecnológicas, acontecimentos sociais, meios de comunicação, música, atividades culturais, diferentes formas de comunicação e expressão, etc. É preciso ser capaz de enrarecer as paredes da escola e abrir os espaços de aprendizagem, de forma real ou virtual. O computador e a internet, sobre os quais falarei posteriormente, são meios poderosos para essa finalidade.

A terceira habilidade é ser capaz de facilitar o diálogo, a participação e a colaboração dos alunos. A elaboração de experiências atraentes de aprendizagem consegue atingir melhor seus objetivos quando toma em consideração os interesses dos alunos e, ao mesmo tempo, utiliza a ajuda e colaboração mútua para avançar na aprendizagem. O diálogo contínuo com o grupo de alunos também não é fácil, uma vez que nele coexistem opiniões, interesses e ritmos de aprendizagens diferentes, mas o reconhecimento das possibilidades que oferece o apoio entre os alunos é um primeiro passo importante. O segundo, e definitivo, é saber conversar com eles, sem perder a paciência nem o controle da aula, e orientá-los para atividades de aprendizagens compartilhadas.

A última das habilidades é ter uma certa capacidade de inovação. A elaboração de situações de aprendizagens variadas e adaptadas ao contexto de cada turma exige flexibilidade mental, segurança emocional e criatividade. É exatamente o contrário da rotina, da indiferença e da homogeneidade. De algum modo, os professores também deveriam demonstrar aos seus alunos que têm iniciativa e espírito empreendedor, uma das melhores maneiras de fazer com que seus alunos igualmente adquiram essa competência básica.

Nesse processo interativo entre o professor e seus alunos, é preciso saber integrar de maneira eficaz os procedimentos de avaliação. Ela não deve ser apenas uma atividade que serve para controlar os progressos dos alunos em determinados momentos do ano letivo ou no final desse período; pelo contrário, tem que se transformar em um poderoso instrumento de apoio na aquisição de conhecimentos, de desenvolvimento das competências básicas dos alunos e de regulação do processo de ensino e aprendizagem.

Uma avaliação que esteja a serviço dessas finalidades deve ter, sem dúvida, um sentido formativo; ou seja, deve estar dedicada à melhoria do processo de ensino e aprendizagem. Mas, da mesma forma, deve ser formadora, orientada para que o próprio aluno seja consciente de seus aprendizados e para que ele mesmo seja capaz de avaliá-los. Trata-se, portanto, de favorecer a avaliação entre os próprios alunos e a de si mesmo e o desenvolvimento daquelas habilidades metacognitivas do estudante que possam ajudá-lo na auto-regulação dos seus processos de aprendizagem e de avaliação (Marchesi e Martín, 1998). A avaliação precisa servir para que os alunos aprendam a aprender, que é uma das competências básicas que se espera que atinjam ao longo do processo de ensino.

Essas estratégias e atividades não se improvisam, nem basta ler algum livro sobre o tema para se conseguir fazer um uso inteligente e acertado do processo de avaliação. É necessário conhecer os sistemas de avaliação, os mecanismos adequados e as formas de levá-los à prática e de combiná-los. É preciso, igualmente, ser bom observador, detectar os processos de aprendizagem de cada aluno e estabelecer um diálogo com eles. São muitas as habilidades e todas elas importantes. Por isso não tenho dúvida de que avaliar é pelo menos tão difícil quanto ensinar.

Professores competentes para responder à diversidade dos alunos

A cada ano letivo há maior diversidade no corpo discente, o que torna ainda mais valiosa essa competência docente. As mudanças sociais, culturais e familiares que foram mencionadas no primeiro capítulo, além do aumento do número de alunos que prosseguem seus estudos, levam a essa conclusão indiscutível. Há mais alunos que estudam durante mais tempo em uma sociedade plural e multicultural, por isso não é realista pensar que no futuro ocorrerá uma redução da diversidade existente nas escolas.

Às vezes se pensa que os problemas provocados pela diversidade dos alunos se resolvem com alguma iniciativa específica: mudar uma lei, melhorar a formação dos professores, estabelecer itinerários ou programas de diversificação nas escolas, proporcionar mais recursos ou modificar o sistema de admissão de alunos. Não acredito que uma medida isolada seja a estratégia correta. O sucesso da resposta educacional para a diversidade do corpo discente é, no fundo, conjugar de maneira equilibrada a qualidade e a eqüidade no ensino, o que exige promover um conjunto de iniciativas amplas e coerentes para enfrentar os problemas básicos da educação escolar. Como afirma corretamente César Coll, em um breve texto incluído no livro *O que será de nós, os maus alunos?*:

> A resposta para a diversidade que é capaz de oferecer uma instituição educacional – ou, o que vem a ser a mesma coisa, sua capacidade para oferecer aos estudantes a ajuda de que eles precisam para aprender – é, portanto, o resultado de ter posto em prática um conjunto de recursos curriculares, pedagógicos, didáticos e organizativos. Nenhum recurso e nenhuma medida oferecem, por si sós, a garantia de uma adequada resposta para a diversidade. (Coll, 2007, citado em Marchesi, 2004, p. 241)

Dessa forma, a capacidade dos professores para ensinar adequadamente todos os seus alunos guarda muita relação com as condições em que se ensina, com os apoios disponíveis, com o número de alunos com dificuldades de aprendizagem que há em cada turma, com o ambiente sociocultural das famílias e com a organização e o funcionamento da escola. Contudo, também é preciso insistir na idéia de que a capacidade do professor para dar resposta à diversidade dos seus alunos é um dos principais fatores que garantem um bom ensino para todos eles.

Os professores competentes em oferecer uma resposta educativa satisfatória ao conjunto de seus alunos são aqueles que projetam atividades com diversos graus de dificuldade, nas quais podem trabalhar diferentes alunos; que apresentam várias tarefas de maneira simultânea para dois ou três grupos; que oferecem uma ajuda específica àqueles que apresentam dificuldades de aprendizagem; que facilitam a colaboração ou a tutoria de alguns alunos que passam a ajudar outros; e que ajustam sua avaliação às necessidades psicológicas e educacionais dos estudantes. A variedade de experiências educativas, a adequação da resposta pedagógica às necessidades de cada aluno e a vontade de facilitar que os alunos se ajudem mutuamente são os três indicadores fundamentais do domínio desta competência pelos professores.

Como se pode constatar, não são habilidades muito diferentes das sugeridas na seção anterior para conseguir que os alunos se envolvam com sua aprendizagem. Neste caso, trata-se de conseguir o envolvimento dos alunos que estão atrasados em suas aprendizagens, mas também daqueles com maior capacidade, dos que estão pouco motivados e dos muito interessados, dos que quase não prestam atenção e dos que não perdem nenhuma informação. Administrar a aula para que todos os alunos aprendam exige flexibilidade didática, variedade e dinamismo. E requer, igualmente, sensibilidade com aqueles que têm mais problemas e comprometimento profissional com a educação de todos os alunos, sem exceção.

Apontei há pouco, que a diversidade dos alunos nas salas de aula irá aumentar de maneira inexorável. Mantenho a afirmação, no que se refere às condições sociais e culturais dos alunos, mas devo matizá-la quando se refere às dificuldades que apresenta. A que estou me referindo? Ao fato de ser possível reduzir os problemas de aprendizagem dos alunos e, conseqüentemente, suas diferenças quanto às competências curriculares, por meio de iniciativas preventivas na educação infantil, no ensino fundamental e no ensino médio e por meio de medidas organizativas nos últimos anos letivos da educação obrigatória. Se for possível evitar que os alunos se atrasem nas suas aprendizagens e caso se consiga que a grande maioria deles atinja os objetivos da educação fundamental; se são melhoradas as condições de ensino; se existirem desdobramentos nas disciplinas instrumentais e caso se consiga mais colaboração das famílias; e, ainda, se existir uma oferta suficiente de programas de diversificação curricular, é bastante provável que aumente o comprometimento dos alunos com os objetivos do ensino. Essas propostas competem mais precisamente às administrações educacionais, à instituição escolar e às suas equipes diretivas, mas são, em certa medida, responsabilidade de todos os professores, que podem solicitar, sugerir ou colaborar para o melhor funcionamento da escola e para dar resposta à diversidade dos alunos. Um bom professor, portanto, não pode ser considerado apenas pela sua competência para ensinar a todos na sala de aula, mas também pelo seu envolvimento competente no funcionamento da sua escola.

Estar preparado para incorporar a leitura na atividade educativa

Ler é uma das atividades mais completas, formativas e prazerozas à qual podemos dedicar nosso tempo. A leitura pode ampliar nossos conhecimentos, pode nos levar para outros mundos, pode ajudar a conhecer aos outros e a nós mesmos e pode fazer com que vivamos aventuras apaixonantes. A leitura tem enorme poder de fascinação. Incorporá-la no processo habitual de ensino vai facilitar o interesse dos alunos, favorecer a aprendizagem, despertar sua criatividade e permitir que desfrutem das narrativas e das histórias. Tenho a convicção de que a promoção constante da leitura na escola pode ser uma poderosa estratégia de qualificação; em torno dela, é possível realizar uma pequena revolução escolar. É uma estratégia que modifica o modo de ensino dos professores e que exige maior dedicação dos pais, mas é algo que, acima de tudo, compromete as administrações educacionais tanto com bibliotecas bem equipadas e o apoio à leitura quanto com uma nova definição dos objetivos educacionais, dos sistemas e dos indicadores de desempenho, dos conteúdos do ensino e da formação do professorado (Marchesi, 2005).

Considerar a leitura uma estratégia metodológica preferencial abre caminho para a perspectiva narrativa no ensino. Bruner (1997) apontou que a narração é uma forma de pensamento e um veículo para construir significados não só nas ciências sociais e humanas, mas também nas lógico-científicas. A forma narrativa dá coesão às nossas vidas e à nossa cultura. Não é difícil entender a história dos povos e das idéias e as histórias e relatos populares a partir do discurso narrativo. Também as ciências naturais podem ter uma estrutura narrativa se forem concebidas como uma história de seres humanos que superam as idéias anteriores e descobrem novas explicações. Um ensino com uma estrutura narrativa pode representar uma via para tornar atraente o conhecimento, para despertar a criatividade e o interesse. As pessoas que não aprenderam a arte de contar histórias costumam ter conversações tediosas, afirmará MacIntyre em seu diálogo com Dunne (MacIntyre e Dunne, 2004). E um dos indicadores que revelam um bom professor é que nem ele nem seus alunos são maçantes. Quando os estudantes dispõem de vários tipos de narrativas, podem contemplar sua vida e a dos demais com outro olhar, podem enfrentar de outra forma os problemas e se sentir mais motivados a pensar sobre eles e procurar alternativas.

Para conseguir esses objetivos, é preciso que a escola se envolva ativamente nessa tarefa. É necessário que os alunos encontrem modelos adultos amantes da leitura, que percebam que ler é a atividade privilegiada da escola e que intuam que não é apenas uma tarefa da disciplina de Língua, mas que compete ao conjunto dos professores e que se estende à própria família. A leitura deve ser uma atividade cuidada e valorizada por todos, com momentos específicos diários na escola e na família, cujo objetivo estratégico pode ser construir uma comunidade educativa de leitores.

Mas, além disso, a leitura não deve estar concentrada em um único formato. A utilização de diversos tipos de textos, em diferentes suportes (papel, computador, multimídia), favorece o interesse dos alunos e a vinculação das suas atividades escolares com seu entorno familiar e social.

É necessário que os professores sejam conscientes da importância da leitura e do seu valor na motivação e na aprendizagem dos alunos. As condições do ensino não contribuem para isso: a ampliação dos conteúdos nas disciplinas curriculares e a pressão gerada pelas avaliações externas obrigam os docentes a se concentrarem em preparar os alunos para que obtenham bons resultados nas provas. Os professores também não estão preparados para isso, e sequer sabem claramente como incluir a leitura em sua programação de forma a ser um instrumento benéfico. Seria necessário um prolongado processo de sensibilização, no qual os professores pudessem conhecer experiências diversas, tivessem ao seu alcance, entre suas estratégias pedagógicas, materiais que incluíssem determinadas leituras e sentissem a firme decisão das administrações educacionais de valorizar positivamente a incorporação da leitura ao ensino.

É preciso reconhecer que, para tornar possível a incorporação ativa da leitura na prática educacional, não basta tomar consciência do seu valor nem ter apenas boa vontade – o que já é um importante primeiro passo, mas é necessário, também, ser competente na sua utilização didática e no domínio dos mecanismos que favorecem a formação dos alunos. É preciso saber escolher as leituras, e essa escolha tem que ser feita considerando as possibilidades de compreensão dos alunos, as diferenças entre eles, a programação da disciplina e a disponibilidade dos textos. Não se pode esquecer que não se trata somente de ler e desfrutar da leitura, o que já seria uma meta valiosa em si, mas o objetivo é, também e principalmente, favorecer a ampliação de conhecimentos dos alunos por meio da leitura, despertar sua curiosidade, permitir-lhes a compreensão de outros tipos de vidas e outras realidades e provocar uma reflexão sobre aquilo que é proposto no texto. A habilidade do professor para relacionar aquilo que os alunos lêem com os objetivos e conteúdos do ensino é outra das competências específicas necessárias.

A incorporação de tempo para dedicar à leitura ao programar as diferentes disciplinas exige, também, que se modifique a maneira de avaliar. Seria necessário considerar a forma como os alunos lêem, como buscam e organizam a informação da disciplina, como adquirem e desenvolvem seus conhecimentos por meio da leitura e do resto das atividades letivas, como expressam suas idéias e como trabalham em grupo os textos propostos. Ao mesmo tempo, seria preciso animar os alunos a tomarem consciência do que lêem, para que lêem e o que e como aprendem lendo. Dessa forma, pouco a pouco, a leitura de livros fará parte da representação que alunos e professores mantêm sobre um bom ensino e uma boa aprendizagem.

Junto a essas tarefas e estratégias, seria importante associar as famílias nesse processo, incentivá-las a serem leitoras e a lerem com seus filhos. É difícil uma criança sentir interesse e apreço pela leitura se não há livros nem revistas nem jornais em casa e se seus pais praticamente não lêem. Garantir o bom funcionamento da biblioteca escolar, facilitar o empréstimo de livros e a coordenação com outras bibliotecas públicas e propiciar encontros de estímulo à leitura são condições necessárias para que o objetivo de obter o compromisso dos pais com a leitura possa ser cumprido. A biblioteca escolar se configura, a partir dessa postura, em um instrumento imprescindível para que a escola chegue a se transformar em uma comunidade de leitores.

A incorporação da leitura entre as ações prioritárias de uma escola reclama outras muitas iniciativas complementares: reuniões com os pais, representações teatrais, jornais escolares, abertura da biblioteca durante as tardes, dia do livro, apresentações de livros, contato com escritores de qualquer gênero, etc., são algumas das iniciativas que uma escola pode desenvolver. Talvez seja difícil que uma escola isolada possa realizar essas ações apenas com suas próprias forças. Por isso a criação de redes de escolas para apoiar a leitura seria uma estratégia positiva para dividir os esforços e garantir o sucesso das iniciativas. Mas não se pode esquecer que, para garantir que uma rede de escolas funcione, é necessário que alguns professores tenham tempo disponível para cuidá-la e fortalecê-la.

Ser capaz de incorporar as tecnologias da informação ao ensino

O estudo sobre computadores realizado em 2005 pela OECD (*Organisation for Economic Co-operation and Development*), no marco do Programa para a Avaliação Internacional dos Estudantes (*Programme for International Student Assesment – PISA*), mostrou que as tecnologias da informação e da comunicação (TIC) desempenham um papel central no desenvolvimento das modernas economias e das sociedades, o que tem profundas implicações para a educação. As TIC facilitam novas formas de aprendizagem. Dominá-las contribui para que os jovens estejam melhor preparados para a vida adulta. Além disso, a incorporação das tecnologias da comunicação na educação conecta-se às novas formas de relação e de obtenção de informação utilizadas pelas novas gerações, o que favorece o interesse e a motivação dos alunos na aprendizagem escolar. Mas este estudo se pergunta: estão as TIC desenvolvendo todo o seu potencial nas escolas e na vida dos jovens? Essa interrogação pode ser completada com as duas seguintes: os professores estão preparados para utilizar as TIC no ensino? Que competências e habilidades precisam ter para isso?

A pesquisa desenvolvida sobre as TIC tem se multiplicado nos últimos anos e crescerá ainda mais nos próximos. As principais conclusões obtidas indicam que a implantação das TIC no ensino não é somente um problema técnico e de recursos disponíveis (Marchesi e Martín, 2003). Não basta mandar computadores para as escolas para conseguir uma melhoria na aprendizagem dos alunos. Pelo contrário, é preciso levar muito em conta a formação dos docentes, seu modelo educacional, suas convicções sobre a utilização do computador no ensino e sua competência específica para utilizá-los no processo de ensino e aprendizagem. Essas variáveis relacionadas com a formação dos professores não devem esquecer, como é lógico, o contexto em que se desenvolve a atividade docente. A presença de um número suficiente de computadores na escola, o assessoramento técnico e a existência de materiais e programas didáticos adaptados são condições importantes, que facilitam a incorporação das TIC no processo de ensino e aprendizagem.

Como concretizar a capacidade profissional de incorporar as tecnologias da informação ao ensino? Que habilidades deveriam ter os professores? Considero que, para responder essas perguntas, pode ser útil estabelecer uma distinção entre três níveis: o primeiro, referente aos conhecimentos e atitudes básicas relacionados com esse tipo de tecnologia; o segundo, vinculado com o ensino das competências que os alunos devem alcançar nesse campo; e o terceiro, relacionado com a utilização do computador e da internet em cada uma das disciplinas para favorecer a aprendizagem dos alunos. Vejamos brevemente cada um deles.

O primeiro nível é o mais elementar. Requer que o professor tenha uma atitude favorável ao uso do computador na sala de aula, com seus alunos, e que valorize os aspectos positivos da sua incorporação no processo de ensino e aprendizagem. Inclui, também, que o professor disponha de um conjunto de conhecimentos e habilidades imprescindíveis: conhecimento dos diferentes tipos de informação, de processadores de texto, de planilhas eletrônicas, de ferramentas de busca, do uso do correio eletrônico, de blogs e de grupos de discussão.

O segundo nível é aquele que se refere à competência que o professor deve ter para *alfabetizar* seus alunos nas principais características das novas tecnologias e nas suas formas principais de utilização. Inclui, da mesma forma, a habilidade do professor para conseguir que seus alunos sejam capazes de utilizá-las como instrumentos para buscar informação, selecioná-la e organizá-la de acordo com os objetivos propostos.

Finalmente, o terceiro nível de competência aponta para as habilidades do professor de incorporar as novas tecnologias no processo de ensino e de aprendizagem em sua disciplina específica. A competência que agora está sendo contemplada supõe a capacidade do professor de projetar sua disciplina e desenvolvê-la por meio da utilização das novas tecnologias.

A competência dos professores nesse âmbito não é alheia a outras habilidades docentes. Os professores com maior segurança e confiança na organização do trabalho na sala de aula e com maiores recursos para dar resposta à diversidade dos alunos costumam ter uma atitude mais positiva frente à incorporação do uso das novas tecnologias na sua atividade docente.

ESTAR PREPARADO PARA ZELAR PELO DESENVOLVIMENTO AFETIVO DOS ALUNOS E PELA CONVIVÊNCIA ESCOLAR

O desenvolvimento emocional dos alunos

O desenvolvimento da vida afetiva dos alunos também é um dos objetivos importantes da educação escolar, mas isso nem sempre é considerado. Muitas vezes, os professores pensam que a educação emocional dos alunos deve recair quase exclusivamente no entorno familiar, onde os alunos devem encontrar sua referência afetiva básica. Em outras ocasiões, a preocupação dos professores com o equilíbrio afetivo dos alunos somente se manifesta quando percebem que isso está atrapalhando a dedicação deles ao estudo. Entretanto, a educação afetiva deve ser um objetivo em si, que se deve incluir no projeto educacional das escolas e na ação pedagógica dos professores, uma vez que aponta para um dos componentes principais do bem-estar do ser humano.

Sem dúvida, as experiências emocionais precoces que a criança vive com os adultos de referência, normalmente o pai e a mãe, marcam de forma notável sua evolução posterior. A relação de apego dos primeiros anos, mesmo que não condicione de maneira irreversível os vínculos afetivos posteriores, vai estabelecer uma pauta de relação com as novas figuras de apego. De alguma maneira, a confiança, a segurança, o carinho, a proximidade e o vínculo com os outros que vivenciamos ao longo da nossa vida estarão muito relacionados com a forma como experimentamos nossos primeiros laços emocionais. Por isso a importância, igualmente, das relações que são estabelecidas durante os primeiros anos da escolarização, nos quais a criança vai desenvolver sua auto-estima, sua confiança nos outros e sua vinculação com o meio escolar.

A partir dessa experiência inicial, e em função dos novos encontros e das satisfações ou insatisfações que encontramos neles, desenvolvemos e expressamos um amplo leque de sentimentos e emoções. Existem dois âmbitos principais na dimensão afetiva dos alunos que convém ressaltar: a amizade e a auto-estima.

Um número importante de alunos considera que a principal satisfação que encontram na escola são seus amigos. As relações com seus pares, os jogos em grupo, as atividades esportivas e a amizade com algum colega estão entre as experiências mais positivas vivenciadas no âmbito escolar. Os amigos são um importante fator de proteção no desenvolvimento pessoal e social. Os alunos que têm amigos costumam ser mais felizes do que aqueles que não conseguiram estabelecer esse tipo de relacionamento. Nesse sentido, os maus-tratos entre iguais são dirigidos especialmente contra os alunos que estão isolados e solitários, desprovidos, portanto, de uma rede de proteção social.

> As pessoas que são perseguidas pelos abusadores não costumam ser sociáveis. Os garotos que têm amigos defendem uns aos outros; os que têm problemas são aqueles que estão mais tempo sozinhos, os marginalizados ou os que se automarginalizam. (Aluno da 8ª série do ensino fundamental)

Junto à amizade, e em estreita relação com ela, é preciso destacar a auto-estima dos alunos. Os estudos sobre o tema geralmente fazem uma distinção entre auto-estimas que se referem a aspectos diferentes, como o próprio corpo, a competência acadêmica ou as habilidades sociais, e uma auto-estima global, que, até certo ponto, sintetiza as anteriores. A auto-estima acadêmica se constrói a partir das experiências de aprendizagem e das medidas de valor que o aluno recebe; a auto-estima social se desenvolve por meio da aceitação que se percebe por parte da família, dos seus pares e dos seus professores, dos laços de amizade e do reconhecimento dos outros. O mais importante é destacar que a auto-estima do aluno está estreitamente relacionada com suas possibilidades de aprendizagem, com seu desenvolvimento social, com a confiança em si mesmo e nos demais e com seu bem-estar pessoal.

As pesquisas recentes sobre o *cérebro emocional*[2] confirmam as relações entre as emoções e os sentimentos, as habilidades cognitivas, a tomada de decisões e a construção da identidade. A competência emocional inclui o autocontrole, a compaixão, a capacidade de resolver conflitos, a sensibilidade para com os outros e a cooperação. Como vou assinalar nos próximos capítulos, determinadas experiências emocionais estão na base das condutas pró-sociais e da solidariedade. O desenvolvimento afetivo dos alunos contribui para seu bem-estar e sua felicidade, mas também favorece uma atitude positiva diante da aprendizagem e um comportamento sensível frente às necessidades dos outros. Daí a importância de que os professores sejam conscientes das suas possibilidades de intervenção nesse âmbito e tenham a competência suficiente para intervir de forma satisfatória.

A convivência nas escolas

O cuidado com o desenvolvimento afetivo e social de cada aluno se entrelaça ao necessário interesse por conseguir uma melhor convivência nas escolas. É um tema que gera crescente preocupação social e educacional devido ao aumento da visibilidade dos atos violentos. Não ouso afirmar que agora haja mais violência nas salas de aula do que algumas décadas atrás, tampouco que a violência aumentou na sociedade como um todo (será que esquecemos as guerras mundiais do século passado, os processos de colonização na América e na África ou a segregação racial que até ontem havia em diferentes países?). Mas o que é evidente é que nestes tempos atuais a violência nas escolas é mais conhecida, mais difundida e se estuda com maior preocupação desde diversos ângulos.

A convivência não é somente ausência de violência. Requer, principalmente, o estabelecimento de relações interpessoais e grupais satisfatórias, que contribuam para um clima de confiança, respeito e apoio mútuo na instituição escolar. Por sua vez, o seu funcionamento democrático irá favorecer o estabelecimento de relações positivas entre os membros da comunidade escolar. Uma convivência positiva reduz os confrontos e limita as ações de maus-tratos. Da mesma forma, é benéfica para o funcionamento das escolas e para que elas alcancem seus objetivos educacionais, mas é especialmente positiva para aqueles alunos mais indefesos, cuja vulnerabilidade social é maior.

Enquanto a dimensão do desenvolvimento afetivo e social dos alunos se refere a cada um deles e reclama uma atenção individualizada, a convivência aponta mais para o funcionamento da instituição escolar e para as normas e valores que a constituem; portanto, os mecanismos que necessitam de intervenção são preferencialmente coletivos. De qualquer maneira, e apesar dessa diferença, existe, como é lógico supor, uma estreita relação entre ambos os níveis.

As competências dos professores

A educação emocional dos alunos e o estabelecimento de um clima de convivência satisfatório nas escolas não são objetivos simples, que possam ser alcançados somente com a boa vontade dos professores. Exigem, além disso, uma competência específica na qual se combinem com eficácia a sensibilidade diante dos problemas afetivos e sociais dos alunos, o diálogo com eles, o planejamento de atividades de aprendizagem que contribuam para seu adequado desenvolvimento emocional e a utilização acertada dos mecanismos de funcionamento institucional. Um bom professor dispõe de habilidades relacionadas ao cuidado da dimensão emocional e social dos alunos, o que por sua vez está vinculado à própria vida emocional dos docentes. Nestas páginas, vou falar das competências específicas que eles precisam ter para favorecer o desenvolvimento emocional de seus alunos e a convivência escolar. No capítulo seguinte, irei abordar a outra face da moeda, tantas vezes esquecida: o equilíbrio emocional dos docentes.

Estar atento às relações sociais mantidas pelos alunos é uma das primeiras tarefas que os professores devem realizar nesse âmbito: detectar aqueles que são sociáveis e os que são mais populares, mas também os que são agressivos, os solitários e os marginalizados. A partir daí, precisa administrar com cuidado a organização das atividades de aprendizagem e de lazer: os grupos de trabalho, as equipes esportivas, a realização de atividades extracurriculares, o apoio a alguns e a orientação a outros. São muito úteis para essa finalidade os grupos cooperativos, nos quais os alunos aprendem juntos e precisam do apoio entre seus membros para conseguirem seus objetivos. Igualmente é uma ajuda para os alunos com dificuldades sociais quando eles podem realizar atividades com uma certa garantia de sucesso: ter alguma responsabilidade na turma, ajudar outro aluno ou obter o apreço público por determinados comportamentos ou tarefas realizadas. Nesse processo, não podem ser despercebidos os indícios de que alguns alunos estão maltratando outros, uma vez que isso exige uma intervenção imediata. A inclusão dos estudantes com maior risco de exclusão social em algum grupo que lhe sirva de proteção e apoio é, em algumas ocasiões, imprescindível.

A competência adquirida pelos professores manifesta-se nitidamente quando precisam enfrentar os alunos com sérios problemas de comportamento, na sala de aula ou fora dela.[3] Então, é necessário colocar em ação um conjunto de habilidades muito mais complexas e diversificadas do que o simples castigo, a expulsão ou a suspensão, o que não significa que essas últimas medidas não devam ser utilizadas em certas ocasiões. Administrar de modo adequado os comportamentos anárquicos de determinados alunos é uma dura exigência para os professores e os obriga a controlar, coordenar e fazer bom uso de diferentes habilidades: manter a autoridade, demonstrar segurança e confiança, colocar em palavras o que sentem os alunos, conservar a calma, dialogar, negociar, compreender, exigir. Não é nada fácil, sobretudo se não se foi preparado para isso, se os conflitos são excessivos e se o professor não está cuidando do próprio equilíbrio emocional.

Junto a essas habilidades, existem outras que também são necessárias e que estão mais vinculadas à melhoria da convivência na escola. A capacidade de favorecer a participação dos alunos é, talvez, a mais importante. Nem todos os professores estão interessados ou preparados para provocar e canalizar as opiniões dos estudantes: alguns por temor de não controlar o processo, outros por desconfiar das contribuições dos alunos e ainda outros por estimar que é uma perda de tempo. Contudo, é necessário promover processos de informação e diálogo com os alunos para conhecer suas opiniões, trocar pontos de vista e transmitir a eles a mensagem de que o bom funcionamento da escola requer o seu comprometimento ativo. A sensibilidade frente aos problemas, a capacidade de promover o diálogo e de escutar e a facilidade para canalizar as inquietações e as propostas dos alunos são habilidades dos professores que favorecem a participação dos alunos.

A ação dos professores na sala de aula deve estar coordenada com as estratégias e iniciativas que se estabeleçam para o bom funcionamento da convivência na escola: conselhos de delegados de alunos, comissões de convivência ou técnicas de mediação. A competência dos professores para favorecer a participação do seu grupo de alunos deve se estender ao funcionamento da escola. Nesse último nível, nem todos os docentes têm a mesma responsabilidade nem cabe exigir de todos a mesma dedicação. São principalmente os membros da equipe diretiva que devem administrar o funcionamento da escola para favorecer a participação dos alunos e garantir, dessa forma, uma convivência melhor. Corresponde ao corpo docente apoiar as iniciativas que forem aprovadas pela maioria.

A convivência na escola deve estar baseada em critérios de eqüidade. Poucas coisas interferem mais nas relações interpessoais do que o favoritismo, a aplicação desigual das normas estabelecidas e a falta de sensibilidade e de justiça na execução de sanções. A escassa coerência entre os professores no cumprimento de normas e sanções ou o sentimento coletivo de que se dá um tratamento injusto nas avaliações escolares geram mal-estar e desconfiança entre os alunos. A confiança mútua entre professores e alunos e entre os próprios alunos é indispensável para estabelecer um bom clima de convivência na escola. Para isso, os docentes devem manter um comportamento justo e compassivo, tema sobre o qual falarei no último capítulo deste livro. Além disso, junto ao seu comprometimento profissional e ético, devem dispor das competências necessárias para conseguir que seus alunos progridam no seu desenvolvimento moral.

SER CAPAZ DE FAVORECER A AUTONOMIA MORAL DOS ALUNOS

Sobre a educação moral

Embora os códigos morais de diferentes tradições culturais não sejam similares (Turiel, 2002), existe um amplo acordo nas sociedades ocidentais sobre os elementos fundamentais que configuram o comportamento ético: a liberdade das pessoas, a tolerância, o respeito mútuo, o cumprimento dos valores cívicos e sociais, as atitudes solidárias e a responsabilidade. Sobre o significado dos valores e controvérsias nesse tema já tratei no Capítulo 1, portanto a reflexão nestas páginas estará fixada somente na educação moral, que deve estar orientada principalmente para a ação, mas que precisa se apoiar na reflexão, no afeto e na empatia. A educação moral deve ser formulada e vivida nas relações com o outro e deve se consolidar por meio do conhecimento dos princípios que melhor regulam o comportamento das pessoas.

Em muitas ocasiões, contudo, a educação com base em valores tem sido reduzida a aulas sobre moral, ética ou bons costumes, perdendo sua dimensão afetiva e comportamental. A teoria implícita que sustenta essa postura é a de que a esfera da moralidade está circunscrita ao seu conhecimento, como a forma tradicional de ensinar matemática, língua ou física. É necessário, em vez disso, integrar à educação com base em valores os três grandes âmbitos em que ela se desenvolve: a reflexão compartilhada, a expressão afetiva e a ação.

Não há dúvida de que o raciocínio constitui o núcleo da moralidade e facilita a reflexão autônoma sobre os dilemas e contradições que enfrenta a ação humana nesse terreno. Saber como harmonizar os deveres sociais com as aspirações pessoais é um dos mais permanentes desafios. Esse conhecimento é tanto mais rico quanto mais estiver baseado na reflexão sobre acontecimentos próximos, na troca de experiências e na compreensão do ponto de vista dos demais. A tolerância, o respeito e os valores sociais são aprendidos na convivência com os outros e também pensando junto aos demais e percebendo as diversas visões da realidade e dos fatos que eles oferecem. A construção do juízo moral não pode ser feita à margem dos outros.

A importância que se atribui à dimensão cognitiva não deve levar ao esquecimento da influência da experiência afetiva. Determinadas emoções têm especial relevância no comportamento moral. A empatia é uma delas. Supõe, principalmente, que a pessoa seja capaz de compartilhar os sentimentos dos outros, e está vinculada à confiança das pessoas em si mesmas e nos demais. Nesse sentimento está a base da sensibilidade com os outros, com os seus problemas e seu sofrimento. A empatia favorece o altruísmo e a conduta pró-social e também está presente nas atitudes em favor de uma maior justiça e igualdade entre as pessoas. A confiança em si mesmo se configura a partir de experiências de sucesso e sustenta, por sua vez, a sensibilidade com os outros. Por isso, não é estranho constatar, em algumas pesquisas (Marchesi, Pérez e Lucena, 2002), que os alunos que maltratam na escola, ou os que são maltratados, mantém uma relação pior com seus pais e obtêm piores resultados escolares do que aqueles que não têm ou não sofrem desses comportamentos. Seu mundo afetivo, social e acadêmico está profundamente imbricado, sem que seja possível se estabelecer com facilidade onde está a origem dos problemas. A história afetiva das pessoas, com os outros e consigo mesmas, explica, portanto, uma boa parte do seu comportamento cívico e social. A moralidade se constrói a partir da experiência social.

A defesa das dimensões cognitiva, afetiva e social no desenvolvimento moral não pode esquecer que no processo de construção dos valores morais deve existir uma tradução prática. De pouco serve o conhecimento sem um compromisso com a ação. A dificuldade está em como abrir caminhos nas escolas para que se desenvolvam as condutas altruístas e pró-sociais e se promova uma sólida e autônoma opção moral dos alunos.

A educação em valores e para a cidadania

Alguns estudos sobre educação cívica diferenciaram três enfoques, que devem ser complementares: a educação para a cidadania, a educação por meio da cidadania e a educação sobre cidadania. No primeiro caso, a ênfase está posta na capacitação dos alunos para que cheguem a se incorporar de forma plena na sociedade. Não se trata só de conhecer os direitos e os deveres cívicos nem só de saber exercê-los, mas de atingir a formação, necessária no tempo em que vivemos, para ser um cidadão ativo e responsável. Envolve, assim, garantir que todos os alunos alcancem as aprendizagens básicas para viver na sociedade atual, o que inclui a aquisição das competências de cognição, de comunicação, de conhecimento do mundo atual, a ética, etc., que permitem obter um certo nível de autonomia e de progresso pessoal e profissional.

A segunda perspectiva está orientada para que os alunos aprendam os valores cívicos por meio de seu exercício na escola. Conseqüentemente, a educação com base em valores e para a cidadania deve ter sua concretização inicial no próprio funcionamento da escola, ou seja, deve impregnar e transformar seu significado e sua ação educativa global. É preciso criar comunidades educacionais moralmente comprometidas, nas quais a participação, o respeito mútuo, a tolerância e a solidariedade com os mais fracos, a responsabilidade e a exigência que os alunos cumpram seus deveres seja um guia que oriente a tomada de decisões e as iniciativas da escola. Os critérios de admissão de alunos, as normas que regem o comportamento da comunidade educacional, as relações entre professores e alunos e a participação de todos na elaboração das normas de convivência estabelecidas e no seu controle são alguns dos aspectos relevantes nos quais se concretiza a vontade de criar uma comunidade democrática e participativa, capaz de oferecer um modelo de funcionamento ajustado com os valores que se pretenda que sejam assumidos pelos alunos.

Da mesma forma escolas inclusivas e integradoras, abertas para todos os alunos, nas quais a marginalização e a intolerância estão banidas, são o horizonte desejável no qual deverá se concretizar a educação para a cidadania e por meio dela. Acredito que o respeito às diferenças se aprende desde criança, convivendo e sentindo apreço por aqueles que apresentam maiores diferenças. Nesse sentido, a integração dos alunos com necessidades educativas especiais é uma opção de valor com profundas conseqüências. É verdade que o avanço em direção às escolas inclusivas é lento e trabalhoso e que muitas vezes não recebe o apoio necessário dos poderes públicos. Entretanto, a convivência de todas as crianças, mais ou menos capazes, proporciona uma experiência enriquecedora e estimula a compreensão e a ajuda mútuas. Mais uma vez a educação moral está vinculada com a dimensão afetiva. A empatia com os mais fracos é um dos impulsos que leva à ação solidária e que, em idades posteriores, é reforçado por convicções morais mais racionais.

É preciso considerar que uma ação responsável, respeitosa, tolerante e solidária se exerce nos contextos sociais mais próximos: nas relações familiares, na escola nos tempos de estudo e nos tempos de lazer e, muito especialmente, nas relações com os amigos e colegas. Contudo, vale a pena avançar mais um passo e dar aos alunos facilidades para que possam realizar atividades voluntárias de serviço à comunidade. Os alunos, a partir das séries finais do ensino fundamental, terão a oportunidade de participar em projetos socialmente úteis: ajuda a grupos desfavorecidos, programas de saúde ou de cuidado do meio ambiente, apoio a alunos mais novos, iniciativas culturais ou programas educacionais. Nas sanções aos comportamentos transgressores dos alunos também pode haver um componente de reparação social, exigindo deles uma colaboração, nesse caso obrigatória, em projetos de melhoria da escola ou do entorno social. Existe um amplo número de possibilidades que cada instituição deve descobrir, desenvolver e oferecer aos seus alunos para que possam dedicar um certo tempo a elas fora do horário escolar.

Finalmente, o terceiro enfoque se refere à educação sobre cidadania. A educação moral e cívica deve se completar por meio da reflexão. A formação do juízo e da autonomia moral dos alunos deve estar presente nas diversas disciplinas, mas especialmente na que se refere à educação para a cidadania e os direitos humanos. Acho necessário destacar que, às vezes, a reflexão sobre os valores na educação tem o risco de ser apenas um exercício intelectual sem se materializar em uma ação eficaz. Todavia, a discussão moral deve acontecer mais como orientação da ação do que como simples deliberação ou discussão teórica. O objetivo do pensamento moral não seria tanto o descobrimento da "verdade", mas a formação de um caráter "virtuoso", na terminologia aristotélica, que permita aos indivíduos tomar decisões apropriadas e justas diante dos problemas que devem enfrentar.

A disciplina de educação para a cidadania

No marco dessas reflexões, que papel pode ocupar a nova disciplina de Educação para a Cidadania e os Direitos Humanos contemplada na LOE? A LOGSE sugeriu um enfoque transversal para a educação em valores: não deveriam estar confinados em uma única disciplina, como se fosse apenas uma questão de conhecimentos, senão deveriam fazer parte de todas e cada uma das disciplinas, estar incorporados no projeto educacional e curricular da escola e ser um compromisso assumido pela totalidade dos professores. A LOGSE incluiu também um tempo para a reflexão teórica em torno da disciplina de Ética no 1º ano do ensino médio.

Essas propostas da LOGSE não provocaram excessiva controvérsia, talvez pela mudança que significavam em relação à etapa anterior, e foram aceitas de forma majoritária. As vozes críticas vinham de dois setores opostos. De um lado, os representantes da Igreja Católica, que defendiam a educação ética para aqueles que não escolhessem a disciplina de Religião e consideravam que a educação em valores devia ser incluída na educação religiosa por ser esse o modo escolhido pelas famílias. De outro, aqueles que consideravam que existia o risco de que a educação em valores ficasse diluída pela sua concepção transversal e reclamavam a extensão da disciplina de Ética para outros cursos.

A vontade da LOE de incluir uma nova disciplina de Educação para a Cidadania em três cursos da educação obrigatória e em um do *Bachillerato*,* nesse caso junto com Filosofia, supõe o reconhecimento da insuficiência da opção transversal da educação em valores e a aposta na organização tradicional de uma disciplina em diferentes cursos.[4] Essa decisão também teve sua correspondente polêmica: os setores confessionais criticaram sua incorporação no currículo por considerar que os conteúdos dessa disciplina podem entrar em colisão com os valores religiosos das famílias, enquanto aqueles que defendiam um enfoque transversal consideraram que representava um retrocesso a posições acadêmicas tradicionais.

Considero que a proposta feita tem mais vantagens que inconvenientes, mas que não está isenta de riscos. O primeiro é o doutrinamento, ou seja, a apresentação de forma acrítica de um determinado modelo de ser bom cidadão. Será que igualmente serão publicadas charges e vinhetas, como aquelas que mencionei no Capítulo 1, que expressem como deve ser o comportamento do cidadão exemplar: vai votar, valoriza o Parlamento, procura informação sobre as leis, é monárquico e defensor das autonomias, cumpre com suas obrigações fiscais, dirige com prudência e assume com sua companheira as obrigações domésticas? Os anarquistas são bons cidadãos? E os que defendem a liberdade sexual ou, pelo contrário, são contra a utilização de preservativos? O que dizer dos que não se sentem espanhóis, ou dos republicanos? São bons cidadãos aqueles que são imensamente ricos e não compartilham de algum modo a sua riqueza? O viés político e ideológico é um problema que espreita a educação para a cidadania.

---

* N. de R. T.: Corresponde ao 2º e 3º anos do ensino médio.

A educação para a cidadania, afirma Brighouse (2006), deve animar os estudantes a analisarem de forma racional e crítica suas próprias crenças e suas idéias políticas. Para os professores, é difícil apresentar uma educação para a cidadania de forma crítica, mas isso é necessário. É mais fácil apresentar a realidade social e os comportamentos esperados como se fossem os únicos possíveis. Mas os alunos devem conhecer as diferentes idéias e alternativas que são formuladas para cada tema ou problema: as liberais e as sociais, as centralistas e as independentistas, as monárquicas e as republicanas, as religiosas e as leigas, as pacíficas e as intervencionistas, etc. Devem conhecer e compreender por que na Espanha se chegou a determinadas normas que tornam possível a convivência e a solução democrática dos conflitos que surgem. A educação com atitude crítica permanente deve ter como único limite o respeito da democracia e dos direitos humanos e o necessário cumprimento da lei.

O segundo risco é o de que se esqueça que a educação cívica não pode estar reduzida a umas poucas horas de aula por semana. Victoria Camps (1994) pergunta-se como deve ser ensinada a ética e responde que não deve ser reduzida ao ensino de uma disciplina. As disciplinas sobre esses temas, afirma, são um bom reforço, mas não a única maneira de ensinar ética. Os valores morais se transmitem, sobretudo, por meio da prática, do exemplo e de situações que pedem valores alternativos. A educação ética e cívica deve ser aprendida no funcionamento da escola, nas relações entre alunos e professores, no processo de ensino e aprendizagem, em cada uma das áreas ou disciplinas do currículo, e nas possibilidades de atuação cívica que a escola oferece aos seus alunos.

As competências dos professores para a educação moral e cidadã

A educação moral e cívica não se improvisa. Às vezes se pensa que é uma tarefa simples e que os professores podem realizá-la sem uma formação específica e sem outras habilidades como as que derivam do exercício continuado da profissão docente. A experiência demonstra que isso não é assim, e que aqueles que pensam dessa forma estão relegando a educação em valores a um lugar secundário entre os objetivos educacionais; ou ainda consideram que a responsabilidade principal recai nos professores de Religião, Ética e Educação para a Cidadania ou, no máximo, nos tutores dos alunos. Mas a educação moral dos alunos deve ser uma obrigação de todos os professores, que devem enfrentá-la com um preparo adequado.

O exemplo ético que os docentes dão aos seus alunos é a primeira e principal garantia de uma adequada educação moral. A eqüidade no tratamento dado a todos eles, a ausência de favoritismo, sua sensibilidade diante dos problemas, a justiça de suas avaliações, o respeito por cada um e a disposição para ajudá-los são características que, estejam conscientes disso ou não, contribuem de maneira poderosa para a formação dos alunos.

É necessário, também, que os professores sejam sensíveis aos dilemas que a educação moral precisa enfrentar e que se aproximem dos alunos com uma atitude interessada e crítica. A reflexão sobre o significado dos valores e sobre quais deles devem receber a maior parte do esforço educativo precisa estar entre suas preocupações. Da mesma forma, deve ser motivo de consideração a forma de incorporar o desenvolvimento da autonomia moral dos alunos na atividade educadora, em que momentos e tarefas, com quais estratégias e por meio de quais métodos e técnicas. Igualmente, devem ser capazes de ajudar os alunos a conhecerem seus direitos, mas também seus deveres e suas obrigações, e de contribuir para que tomem consciência de que o exercício dos seus direitos e deveres requer, normalmente, responsabilidade, exigência e esforço.

Essa sensibilidade inicial é imprescindível para desenvolver e mobilizar as competências necessárias nesse âmbito. A habilidade para detectar situações e problemas com um elevado conteúdo moral é uma delas. Também é importante apontar a capacidade para promover e dirigir debates com os alunos, a flexibilidade para destacar os pontos de vista alternativos, a ausência de dogmatismo e o respeito pelas suas opiniões.

As atividades que o professor realiza para favorecer o desenvolvimento do juízo moral dos seus alunos devem ir acompanhadas de uma atenção específica aos seus relacionamentos sociais e ao seu comportamento, uma vez que eles também fazem parte da sua formação moral. Anteriormente mencionei competências que o professor precisa dominar para o cuidado da dimensão emocional dos alunos. Agora trata-se apenas de estendê-las para aqueles elementos que se referem de maneira especial à dimensão moral.

O trabalho dos professores se completa com suas iniciativas para canalizar o comportamento dos alunos. O respeito e o reconhecimento ao que acabo de me referir são atitudes que devem ter sua expressão nas relações habituais entre os alunos e que certamente vão favorecer a integração social e o repúdio à exclusão de outros companheiros. Os professores precisam estar atentos para facilitar esse tipo de comportamento e permitir, em algumas ocasiões, a reflexão coletiva sobre eles. Eles também devem valorizar os comportamentos pró-sociais e solidários dos alunos e ter a disposição de propiciar situações em que os estudantes possam expressar esse tipo de comportamento. Alguns deles ajudando outros na aula ou a colaboração entre colegas em tarefas de aprendizagem são as situações mais próximas do trabalho habitual dos professores, mas igualmente existem outras que fariam parte do funcionamento da escola. Uma instituição deve funcionar de forma justa, compassiva, solidária, responsável e exigente, para que os alunos tenham maiores possibilidades de desenvolver esses valores morais.

Todos esses comportamentos dos professores, dos mais imediatos, referentes ao seu trabalho na sala de aula, até os mais institucionais, relacionados com o funcionamento da escola, exigem uma atitude pessoal coerente. Ele precisa ser um exemplo ético em seu comportamento com os alunos, mas além disso precisa sentir-se seguro para orientar-lhes o juízo crítico e autônomo, deve ser sensível aos seus problemas e necessita contribuir para que os alunos sejam capazes de defender seus direitos e cumprir suas obrigações. Tudo isso significa uma exigência enorme para os professores: por isso a grandeza da profissão docente.

SER CAPAZ DE DESENVOLVER UMA EDUCAÇÃO MULTICULTURAL

Encontro entre diferentes culturas

A integração eqüitativa dos alunos imigrantes* nas escolas é um longo e árduo processo educativo, no qual é necessário cuidar de duas condições principais: proporcionar a eles as mesmas oportunidades de aprendizagem que ao resto do conjunto e valorizar sua cultura e sua língua originária. Ambas são relativamente independentes. De fato, no sistema educacional espanhol e nas leis educacionais, inclusive nas mais recentes, a principal e quase única preocupação tem sido dirigida à primeira delas, com um notório esquecimento do respeito à cultura e à língua própria dos imigrantes.

Não é nada simples assegurar ambas as condições. Garantir uma educação de qualidade aos alunos imigrantes, se eles não dominam a língua majoritária ou chegam com atrasos acadêmicos importantes, exige um difícil equilíbrio entre um ensino comum com seus colegas e um trabalho pedagógico específico para compensar a defasagem curricular. Mas, ao mesmo tempo, é preciso reconhecer e valorizar o papel da sua cultura

---

* N. de R.T.: Na Espanha os imigrantes são em número considerável e na sua maioria fazem parte das camadas sociais mais básicas da população. Constituem-se, porém, uma minoria, com relação à população total do país.

e da sua língua originária, o que se deve traduzir em aulas específicas para que os alunos não percam sua língua nem se desvinculem das suas raízes. Encontrar a maneira de combinar a escolarização integradora com a atenção diferenciada às suas características pessoais, culturais e de comunicação é o grande desafio e a grande dificuldade da educação.

Como acertadamente aponta Kymlicka (1996), ao debater sobre a cidadania multicultural, nós interiorizamos uma narrativa cultural determinada principalmente por meio da língua, mas também por meio das tradições, dos rituais, dos símbolos e da história da nossa cultura. Por isso, a manutenção da cultura originária e da língua materna é um direito dos cidadãos, uma vez que amplia as possibilidades de se conseguir uma vida satisfatória, razão pela qual os poderes públicos deveriam garantir o exercício desse direito.

A cultura em que temos vivido, afirmará Kymlicka, proporciona os referenciais necessários para que elaboremos o significado dos nossos projetos, das nossas relações, da nossa ação e dos nossos valores. A identificação com nossa cultura nos ajuda a compreender a nós mesmos e a compreender nosso entorno social. O autoconceito e a auto-estima individual estão relacionados ao valor que percebemos de nós mesmos e dos próprios sinais de identidade cultural dos outros. Queremos ser reconhecidos como pertencentes a uma cultura determinada e com uma história própria, porque esses traços contribuem para a nossa identidade pessoal.

Contudo, o reconhecimento desse direito não está isento de problemas e decisões controversas. Até que ponto deve chegar o respeito às normas e valores próprios de outras culturas? O debate sobre a utilização do véu islâmico pelas alunas nas escolas ilustra com clareza as dificuldades que enfrentam os professores quando educam em ambientes escolares multiculturais.

Na França, por exemplo, foi proibido portar na escola sinais visíveis das opções religiosas pessoais, visando garantir a igualdade entre todos os alunos e a ausência de disputas religiosas entre eles. Não acredito que seja uma decisão acertada. O fator religioso, com suas implicações históricas, sociais, culturais e pessoais, não precisa ficar restrito à esfera privada e nem ser proibido, portanto, como expressão de uma forma cultural contrária aos valores leigos do modelo republicano francês; pelo contrário, deveria fazer parte do currículo escolar para seu conhecimento e discussão. Não estou me referindo à educação religiosa a partir de uma visão confessional, mas ao ensino das religiões a partir de uma abordagem sociológica e científica e, assim, comum a todos os alunos, sejam quais forem suas crenças religiosas pessoais. A reflexão coletiva na escola sobre o valor do *shador*,* assim como sobre o valor que outras concepções religiosas atribuem a determinados rituais e crenças, relacionados com a alimentação, a vestimenta ou o sacrifício, tem o objetivo de ajudar os alunos a compreenderem seu significado, que podem aceitar ou recusar, de acordo com as convicções que vão construindo ao longo da sua escolarização. No debate e na reflexão – e, se fosse necessário, na negociação posterior entre professores e alunos – é que se articula melhor o conhecimento mútuo, as normas de convivência e a educação moral. A proibição pouco ajuda nesse processo, quase poderia dizer-se que restringe as possibilidades educacionais que o encontro entre diferentes culturas pode promover.

As competências dos professores para favorecer uma educação multicultural

A educação dos alunos de culturas minoritárias apresenta um desafio importante aos professores, que devem se responsabilizar por ela. Os desejos ocultos de muitos professores, e também de boa parte dos responsáveis pela política educacional, são conseguir que esses alunos sejam como a maioria, que aprendam como a maioria e que se comportem como eles. No fundo, seu ideal de educação é que esses alunos esqueçam suas origens ou, pelo menos, que elas estejam pouco presentes no entorno escolar: alguma festa, algumas frases, algum comentário sobre a geografia e a história desses países e pouco mais do que isso. Visto dessa perspectiva, os alunos se dividem entre os que aprendem com normalidade e os que têm atrasos ou dificuldades nas suas aprendizagens, à margem das suas raízes culturais e lingüísticas.

A atitude inicial que um professor precisa ter para o trabalho com os alunos de culturas minoritárias é o reconhecimento da sua identidade cultural e a consciência da sua importância para o desenvolvimento e para sua aprendizagem. Esse reconhecimento exige sensibilidade e respeito às diferenças culturais. Para isso, é necessário admitir que o autoconceito e a auto-estima

---

* N. de R.T.: Veste que cobre o corpo e parte do rosto, típica da mulher muçulmana do Irã, considerado mais liberal que a burca.

estão relacionados com a valorização que os outros fazem sobre cada um de nós e sobre nossos sinais de identidade cultural. Como se pode intuir, essa atitude incorpora uma clara dimensão afetiva. Não basta compreender que os alunos procedem de culturas diversas e que vivem, portanto, experiências diferentes. É preciso incorporar isso no olhar que se lança sobre os outros, na atenção, nas relações sociais e nas ações educativas.

Convém lembrar que a desvalorização, o esquecimento, a falta de respeito, a marginalização ou a rejeição de uma cultura determinada pelos membros de outra cultura, atitudes que são expressão de racismo ou xenofobia, são um ataque não só ao grupo cultural minoritário, mas também a cada um dos seus membros. É difícil a construção de uma identidade pessoal digna e segura quando se percebe uma atitude depreciativa da nossa origem cultural. As mensagens negativas, sem falar daquelas que são injuriosas, são um atentado contra a dignidade das pessoas, uma vez que sua dignidade se constrói, em grande medida, pelo pertencimento a essa cultura.

O reconhecimento deve se traduzir em um certo conhecimento das culturas presentes na escola. Um bom professor do ensino fundamental deve conhecer as crenças, os valores, os rituais, as festas e as principais noções geográficas e históricas das culturas de seus alunos. Esse conhecimento deveria estar presente nos comentários públicos perante o conjunto dos alunos e nas atividades que são realizadas.

As habilidades específicas que precisam ser postas em ação reúnem e integram aquelas outras que são necessárias para a boa prática educacional, tanto na ação educativa na sala de aula como no funcionamento da escola: facilitar o conhecimento mútuo entre as diferentes culturas, propiciar um bom clima de convivência e de relação social e contribuir para o respeito mútuo e a solidariedade entre os alunos. Por isso, os professores deverão ser capazes não só de evitar que alguns alunos isolem outros por razões culturais, mas também de favorecer a participação de estudantes de diferentes culturas em atividades educativas e de lazer, além de criar um ambiente em que se evitem os grupos baseados principalmente na origem cultural ou lingüística dos alunos.

O planejamento de experiências de aprendizagem que levem ao conhecimento das diferentes culturas dos alunos está entre as habilidades que deveria ter um professor que trabalha em um ambiente multicultural. É preciso, por isso, que a diversidade cultural faça parte do currículo, especialmente em algumas disciplinas. Se é importante a atenção específica aos imigrantes, também o é a educação do resto dos alunos sobre a cultura e a língua de seus colegas e a troca de experiências e valores entre eles.

O professor deve estar atento para apresentar atividades, informações e experiências que facilitem a compreensão mútua.

De modo simultâneo, os professores devem contribuir para que os alunos enfrentem os dilemas éticos que surgem nas sociedades multiculturais e reflitam sobre o significado das normas e valores de cada cultura. Esse processo certamente ajudará os alunos a aceitarem o pluralismo existente na sociedade, mas também a serem capazes de tornar explícitas as razões pelas quais cada um deles defende seus próprios valores. O reconhecimento e o respeito do pluralismo cultural devem harmonizar com o reconhecimento da própria identidade cultural. Essa é uma tarefa delicada que os professores haverão de enfrentar. Supõe um conjunto de habilidades específicas que são adquiridas com leitura, reflexão, diálogo, ação e avaliação da ação desenvolvida.

O trabalho dos professores para melhorar o conhecimento, a convivência e o reconhecimento mútuo pode ser reforçado por iniciativas que sejam adotadas no âmbito do funcionamento da escola. As atividades gerais que são promovidas para que todos os alunos sejam conscientes de determinadas comemorações dos países cujos alunos estão na escola é uma boa ajuda para conseguir os objetivos previstos. Outra ajuda é a possibilidade de que exista uma relação estável com pessoas adultas das diferentes culturas presentes na escola e, inclusive, que os alunos que assim desejem possam receber aulas da sua língua materna. É uma perspectiva e uma atividade coerente com os princípios da cidadania multicultural que tratamos nas páginas anteriores.

As dificuldades de aprendizagem desses alunos e a habitual falta de recursos de suas famílias demandam, também, que haja uma preocupação no sentido de que disponham de apoio suficiente após o fim do período letivo. A organização de aulas de reforço, a abertura da escola para que possam utilizar a biblioteca e os computadores e o planejamento de atividades esportivas ou de lazer para favorecer sua integração social são algumas das iniciativas possíveis.

Para que os professores adquiram essas competências, é preciso facilitar sua formação, entendida não só como capacitação para enfrentar com sucesso a diversidade cultural, mas também como sensibilidade perante essa mesma diversidade e compromisso com a transformação das condições da educação. As competências para educar em uma cidadania multicultural requerem, igualmente, o concurso de determinadas disposições dos professores, relacionadas em grande medida com sua expressão emocional e com o exercício da sua responsabilidade profissional, que inclui a compaixão e a justiça na atividade docente que realizam. Por isso, é possível afirmar que o "saber fazer" dos professores nessa área exige a presença de um caráter sensível e de compromisso.

ESTAR PREPARADO PARA COOPERAR COM A FAMÍLIA

As relações entre os professores e as famílias

No Capítulo 1 foram incluídas as relações entre os professores e as famílias dentro dos dilemas atuais da educação e destacada a difícil colaboração que, em certas ocasiões, se estabelece entre eles. Da mesma forma, foram comentados os receios e os conflitos que surgem no contato mútuo, mas, ao mesmo tempo, insistimos na importância da cooperação entre eles. Agora retomamos o tema desde outra perspectiva, a das competências dos professores, e entre elas coloco a capacidade de colaborar com as famílias. É uma competência necessária que praticamente não tem recebido atenção. O pensamento comum é o de que não é preciso haver uma preparação específica para isso, uma vez que, segundo opinião de alguns, conversar com as famílias é uma tarefa que está ao alcance de todos: somente seria necessário um pouco de tempo e de paciência. Do meu ponto de vista, esse enfoque é um erro. A colaboração com os pais exige sensibilidade para gerar confiança, exige estar atento aos problemas, saber escutar, estar disposto a admitir suas propostas e dispor das estratégias adequadas para criar um clima de colaboração. Além de tudo isso, é preciso tempo e paciência, sem dúvida.

O trabalho com os pais exige conhecimentos e habilidades, ou seja, competências, sobre as quais falarei posteriormente, mas também uma predisposição inicial favorável, o que supõe crenças, expectativas e atitudes positivas. É preciso ter confiança de que a dedicação aos pais é útil para a consecução dos objetivos educativos. Igualmente temos que reconhecer que os pais podem enriquecer a ação educadora de professores do ensino fundamental com determinados alunos. Não é, portanto, uma atividade altruísta, expressão da boa vontade de determinados professores mais sensíveis a esse tipo de relações, aliás deve fazer parte da dedicação profissional dos docentes porque favorece o desenvolvimento e a aprendizagem dos alunos e contribui de maneira decisiva para que a escola cumpra seus objetivos.

Poucos docentes têm dúvidas de que o acompanhamento e a dedicação dos pais aos deveres escolares de seus filhos é uma variável significativa, que explica o desigual rendimento dos alunos. Também é aceito facilmente que o estabelecimento e a negociação das normas, a imposição de limites claros, o estilo de relação afetiva entre os membros da família, os modelos de comportamento familiar e o diálogo sobre os eventos e acontecimentos pessoais e sociais contribuem para a formação do caráter dos alunos, tanto na sua dimensão social quanto moral. Além disso, a família é um importante fator de proteção emocional. Os alunos cujos pais estão interessados no que acontece com seus filhos na escola e que lhes proporcionam um entorno familiar seguro, afetuoso e comunicativo têm menor probabilidade de serem maltratados na escola e encontram um apoio mais imediato e eficaz quando vivem situações de conflito. Considerando a força da família para explicar a evolução de seus filhos-estudantes, surpreende que nem os poderes públicos, nem os responsáveis educacionais, nem as escolas, nem os professores tenham assumido ainda as mudanças necessárias para criar condições que facilitem uma relação estável e construtiva entre a escola e a família.

As competências dos docentes para o trabalho com as famílias

Entre as competências específicas que devem ter os professores nesse âmbito, está a de ser capaz de desenvolver com eficácia o estabelecimento de uma colaboração com os pais, para que eles participem na melhoria dos conhecimentos dos seus filhos e, sobretudo, do seu interesse pela aprendizagem. Os professores de todos os níveis precisam compreender a situação das famílias, sua formação, suas dificuldades e carências e suas possibilidades e força na hora de orientar os temas e as estratégias mais adequadas. Nem todos os pais podem ou estão igualmente dispostos a contribuir com a aprendizagem dos seus filhos. Para alguns, faltam habilidades para ajudá-los; para outros, falta interesse e tempo. O professor deve entender essas limitações, mas também precisa ser capaz de contribuir para que os pais tomem consciência da importância do seu envolvimento e das suas possibilidades de intervenção.

Os professores tendem a responsabilizar os pais e os alunos pela maioria dos problemas que esses últimos apresentam na escola. Nas entrevistas que os professores têm com os pais, praticamente não reconhecem as possibilidades que a escola poderia ter de modificar o comportamento ou o interesse dos alunos. A mensagem transmitida geralmente é a mesma: pais e alunos devem assumir certos compromissos, que são determinados pela escola; de outra forma, a situação do aluno na escola praticamente não irá mudar. Todavia, se junto ao pedido de colaboração das famílias e dos próprios alunos os professores expressassem quais são as mudanças que pretendem realizar para melhorar a atenção educacional a eles, é possível que todos se sentissem mais motivados para realizar as mudanças sugeridas. Os professores competentes na sua atividade profissional e na cooperação com os pais são conscientes de que, normalmente, os problemas dos alunos são fruto de um amplo conjunto de variáveis inter-relacionadas. O reconhecimento dessa realidade perante a família e a busca conjunta de soluções abre o caminho para a confiança mútua e para a sinceridade, o que ajuda a modificar as atitudes, o comportamento e as relações com a escola.[5]

A capacidade de cooperação com as famílias envolve, também, a colaboração e o acordo básico entre os professores sobre o significado da educação e sobre as estratégias mais adequadas para favorecê-la. Os pais irão encontrar muitos professores ao longo da escolarização dos seus filhos. Costumam sentir-se confusos quando percebem atitudes ou valores muito diferentes entre eles ou quando escutam orientações e sugestões que são discrepantes das manifestadas meses antes pelo professor do seu filho no ano letivo anterior. Os pais devem compreender que os professores têm perspectivas sobre a educação que nem sempre são coincidentes. Mas é preciso evitar que se manifestem sérias divergências sobre a maneira de educá-los. Para isso, é necessário que os professores compartilhem suas opiniões e valores e aceitem que a coerência entre o corpo docente é, muitas vezes, mais eficaz que a descontrolada expressão das próprias iniciativas.

Finalmente, convém considerar que, para facilitar as relações entre a escola e a família, é positivo dispor de determinadas habilidades técnicas: a entrevista, a elaboração de relatórios ou a gestão das reuniões com o grupo de pais estariam entre as mais interessantes. São técnicas muito úteis quando são desenvolvidas em estreita relação com as capacidades que os professores devem apresentar para melhorar a cooperação com os pais e conseguir, assim, seu maior envolvimento na educação e aprendizagem de seus filhos.

PODER TRABALHAR EM COLABORAÇÃO E EM EQUIPE COM OS COLEGAS

O necessário, porém difícil, trabalho em equipe

Como assinala Perrenoud (1999), ao comentar essa competência dos professores, colaboração não é a mesma coisa que trabalho em equipe. A colaboração pode ser apenas uma forma de resolver os problemas ou de encontrar soluções com os outros. No entanto, o trabalho em equipe é um passo a mais e exige um projeto comum que mobiliza a atividade do grupo de professores. Portanto, a colaboração não supõe o trabalho em equipe, mas o trabalho em equipe exige colaboração. Tentarei abordar cada uma dessas duas formas de cooperação de maneira diferenciada, apesar de que sua mútua relação vai obrigar-me a fazê-lo, em algumas ocasiões, de modo indiferenciado para evitar repetições.

A colaboração para coordenar propostas educacionais e para trocar idéias contribui de forma decisiva para a coerência e continuidade da ação educativa, o que certamente reverte em um enorme benefício para os alunos: coerência entre os professores do mesmo grupo de alunos na aplicação de normas, nos critérios de avaliação, no equilíbrio das tarefas que são pedidas aos alunos e na exigência escolar; assim como continuidade entre os professores da mesma escola para que os valores, a participação, a elaboração das normas, a atenção à diversidade dos alunos, os apoios necessários e os sistemas de avaliação possam ir se adaptando de forma progressiva à idade dos alunos.

É possível afirmar, portanto, que a colaboração entre os professores é o primeiro passo para uma atividade educativa equilibrada e eficaz. O passo seguinte supõe a existência de um projeto que os reúna para promovê-lo. Estamos adentrando, então, no trabalho em equipe, mais exigente, mais complicado, mas também mais satisfatório quando cumpre seus objetivos. Sua importância deriva de dois fatores principais: a constatação de que o conhecimento é incerto e seu ensino é, em conseqüência, problemático; e seu valor para favorecer a formação e a satisfação profissional dos professores.

O trabalho em equipe pressupõe uma tarefa compartilhada, um projeto que aglutina vários professores e que os leva a se encontrarem para refletir, aprender juntos e, às vezes, tomar decisões. O projeto pode estar limitado a uma tarefa pedagógica da escola, a uma atividade inovadora, a um processo de reflexão sobre a ação ou à elaboração de algum tipo de material. Os participantes podem estar na mesma escola ou vir de escolas diferentes. Entretanto, para além do tema ou dos atores, o que é importante destacar é que o trabalho em equipe supõe que os professores selecionaram um tema ou uma tarefa que os preocupa e que consideraram necessário reunir-se para abordá-la. Sem essa preocupação com um aspecto da atividade docente e sem o convencimento de que é melhor trabalhar em grupo do que de forma individual para progredir no conhecimento, dificilmente é iniciado e se mantém o trabalho em comum entre os professores.

Vivemos, não há dúvida disso, na sociedade da informação, da multiculturalidade e da mudança, na qual a incerteza dos conhecimentos e valores é um traço mais pronunciado do que sua certeza. Devemos aprender a conviver com a diversidade de perspectivas, afirmará Pozo (2006) em um instigante texto, com a multiplicidade de interpretações e com a relatividade das teorias, e a partir disso é preciso construir as crenças e os valores próprios.

Nessa situação, que previsivelmente vai se acentuar no futuro, os professores devem colocar sua atividade. Sem dúvida, é complicado navegar pelas turbulentas águas da educação apenas com as próprias forças. Ainda é difícil quando vários buscam soluções de forma conjunta. Mas o trabalho em comum servirá de ajuda não só para encontrar alternativas diante das dúvidas e dos problemas existentes, mas também para tomar decisões e iniciativas com maior segurança.

A colaboração e o trabalho em equipe é, além disso, um fator que contribui para manter o ânimo dos professores, uma vez que facilita a confiança e o apoio mútuo. A docência não é só uma atividade centrada na busca de conhecimentos entre professores e alunos. A docência, como irei sublinhar no próximo capítulo, é uma atividade profundamente emocional devido à contínua relação que é preciso manter com os alunos, com os pais e com os colegas. Somente com esses últimos é possível estabelecer uma relação de reciprocidade e de eqüidistância na atividade educativa. Sua falta ou a tensão permanente no âmbito das relações sociais levam à perda de vínculos afetivos e profissionais que são necessários para sustentar o esforço que a profissão exige e para obter uma satisfação maior no trabalho.

As dificuldades que normalmente ocorrem nas relações sociais com os colegas de trabalho agravam-se, em ocasiões, devido às disputas em torno do acesso ao poder na instituição e ao seu exercício. Entramos naquilo que Ball (1987) denominou "micropolítica da escola" e que tem aplicado ao estilo de direção das escolas e às formas que o diretor utiliza para aceder ao poder, para manter o controle dos professores e para responder à oposição. O que tem ficado em evidência nesse tipo de estudo é que as relações entre os professores estão influenciadas pelas disputas tácitas ou explícitas em relação ao exercício do poder na instituição. São disputas legítimas na medida em que são propostos abertamente projetos específicos ligados a determinadas visões educacionais ou ideológicas, os quais são defendidos respeitando os projetos alternativos. Em outras ocasiões, contudo, a má-fé e a falta de tolerância no confronto ideológico e educacional podem conduzir a um mal-estar permanente que em nada facilita o trabalho em comum.

Atitudes e competências dos docentes para a colaboração e o trabalho em equipe

A colaboração entre colegas e, sobretudo, o trabalho em equipe exigem, em primeiro lugar, uma certa convicção de que vale a pena o esforço que envolvem e que, portanto, é um valor positivo na atividade profissional do professor. Deve existir, em conseqüência, uma atitude favorável para cooperar com os colegas e para se envolver em tarefas comuns. Essa convicção inicial, que às vezes é mais implícita do que explícita, é proveniente, em certa medida, do modelo que o professor tem sobre o que significa ensinar e sobre o que é benéfico para ele, das suas experiências acumuladas na colaboração com seus colegas, do reconhecimento que encontra no trabalho compartilhado, do seu sentimento de confiança e auto-eficácia no seu trabalho e das suas habilidades sociais. Às vezes, os professores não trabalham em equipe por falta de interesse ou de convicção, mas, outras vezes, é a insegurança, o temor de ser desvalorizado ou as dificuldades nas suas relações sociais o que bloqueia a sua vontade de trabalhar em equipe.

A desilusão e o cansaço profissional em nada favorecem a colaboração e o trabalho em equipe. A mesma coisa ocorre, embora com menos força, com as experiências negativas: grupos de trabalho que não cumpriram seus objetivos, que não foram capazes de superar suas dificuldades ou nos quais as exigências superaram as vantagens. Por isso, o trabalho em equipe exige medir o tempo necessário, cuidar a dinâmica das reuniões e buscar um equilíbrio entre a eficácia e a coesão, ou seja, entre atingir os objetivos e a criar um clima de reconhecimento profissional e de relação pessoal.

Perrenoud assinalou cinco competências específicas nesse âmbito:

- elaborar um projeto em equipe;
- dirigir um grupo de trabalho;
- formar e renovar a equipe pedagógica;
- confrontar e analisar um conjunto de situações complexas;
- gerenciar conflitos interpessoais.

Não há dúvida de que todas elas são necessárias e devem estar presentes quando os professores colaboram em projetos comuns. Pessoalmente, contudo, estou inclinado a selecionar e sublinhar as três seguintes, mais próximas da dinâmica interativa e grupal que é gerada nesse tipo de atividade compartilhada:

- desenvolver iniciativas para compartilhar projetos;
- ter habilidade nas relações sociais;
- conhecer o funcionamento dos grupos de trabalho.

A primeira competência supõe desenvolver iniciativas para compartilhar experiências e projetos educacionais. Anteriormente mencionei essa dimensão como fator necessário para começar o trabalho em equipe. Agora insisto novamente nela como garantia de permanência no grupo e de participação ativa no seu funcionamento.

A segunda competência refere-se a ter habilidade no estabelecimento de relações sociais, o que inclui certa capacidade de negociar e buscar alternativas para os conflitos que possam surgir no trabalho. É normal, e inclusive positivo, que existam tensões no trabalho em equipe quando se confrontam posições ou alternativas diferentes. Também é preciso aceitar que pode existir uma luta tácita pela influência ou pela liderança do grupo. Em todos os casos, ter flexibilidade ao fazer colocações, aceitação das diferenças e um certo distanciamento e senso de humor ajudam a suavizar as tensões e a resolver os conflitos.

Também é importante, e aqui estaria a terceira competência, que aqueles que participem no grupo de trabalho sejam conscientes da dinâmica dos grupos e das duas principais dimensões que ajudam para a sua manutenção: eficácia e coesão. A partir desse conhecimento, os membros do grupo deveriam contribuir para que se progrida na consecução dos objetivos previstos, sem que isso demande um esforço excessivo, e para que se mantenha um bom clima e relações positivas. Terminar as reuniões de trabalho com um café ou com uma conversa descontraída sobre temas alheios à atividade profissional ajuda a criar um espírito de grupo.

É necessário destacar, mais uma vez, que o trabalho em equipe facilita que os participantes expressem suas inquietações e sua situação emocional face aos problemas da docência e que compartilhem, em algumas ocasiões, uma reflexão um pouco mais profunda sobre as finalidades e o sentido do ensino. Quando isso ocorre, o trabalho em equipe não contribui somente para melhorar as competências dos professores para ensinar seus alunos, mas também ajuda-os a encontrar o equilíbrio emocional e o significado da sua ação. Por isso, o trabalho em equipe pode se transformar em um elemento crucial para o desenvolvimento profissional dos professores e para a manutenção do seu comprometimento com a educação de todos os alunos. Não há dúvida, como já foi dito no capítulo anterior, de que o trabalho em equipe e a participação em projetos de inovação é uma das variáveis que mais influenciam no bem-estar dos professores.

NO LIMITE DAS COMPETÊNCIAS: A INTUIÇÃO E SUAS CONDIÇÕES

Nas últimas décadas, vem tomando corpo na literatura psicológica uma forma de conhecer que tem longas raízes na reflexão filosófica européia: a intuição. Durante vários séculos, cognição e intuição têm sido, na maioria das vezes, conceitos opostos. Em alguns casos, esta última é percebida como complementar; inclusive, em certas ocasiões, atribuiu-se à intuição um valor místico e de contemplação direta da verdade e da divindade. A intuição já está ancorada no campo do conhecimento e da atividade profissional dos professores (Atkinson e Claxton, 2000) por meio de um processo que lembra a trajetória seguida pelas emoções: da oposição e negação diante do conhecimento racional, passou-se à sua valorização e à sua interdependência.

Em um instigante artigo, Claxton (2000) descreve a intuição no marco de uma família dispersa de "formas de saber" que são menos articuladas que o raciocínio habitual. Entre suas características, destaca: a sensibilidade para perceber os detalhes e suas relações, assim como para compreender a totalidade do problema ou da situação, o que contrasta com o pensamento analítico; a utilização da experiência para encontrar soluções originais e criativas, que tem como pressuposto um processo de aprendizagem implícito, escassamente estruturado e consciente; a utilização do tempo para se distanciar dos problemas e buscar soluções imaginativas, apesar de que, também, a intuição é uma habilidade espontânea capaz de responder de forma rápida diante de situações que assim exigem; e a relação com os interesses e projetos da pessoa, o que evidencia o vínculo entre motivação e envolvimento emocional com o desenvolvimento de processos intuitivos e criativos.

Os professores, talvez os bons, precisam utilizar constantemente a intuição no seu trabalho docente. Quando ensinam na sala de aula, devem ser capazes de compreender e interpretar a situação e a atitude dos alunos, a disposição para a aprendizagem de cada um deles e a atenção que precisam, assim como o ajuste entre a metodologia utilizada, talvez planejada com rigor no tempo anterior à aula, e a resposta dos alunos. Então, caso perceba que a dinâmica na aula não transcorre no ritmo esperado ou desejado, o professor deve ter a suficiente flexibilidade e rapidez para adaptar à situação percebida o seu discurso, as experiências propostas e a metodologia utilizada. Talvez deva fazer essa adaptação para o conjunto da turma ou só para algum dos alunos. Sua intuição deve permitir-lhe compreender a situação e escolher a nova estratégia. Depois, com mais tranqüilidade e tempo, o professor deve revisar como funcionou sua intuição, se teve êxito ou se foi um erro, e acumular sua experiência, após refletir sobre ela, de forma individual ou com algum dos seus colegas, na sua bagagem profissional.

O professor que é capaz de utilizar com agilidade, flexibilidade e supervisão a sua habilidade intuitiva é semelhante ao profissional reflexivo de que fala Schön (1987), cujo perfil vem promovendo uma estratégia coerente para a formação e o desenvolvimento profissional dos docentes. Para Schön, o que caracteriza o docente qualificado é o pensamento prático que se constrói a partir do conhecimento na ação, da reflexão na ação e da reflexão sobre a ação. O professor não só ativa seus conhecimentos implícitos e automáticos nas situações de ensino e de aprendizagem, como também deve adaptar-se às condições variáveis que ocorrem na sala de aula e precisa refletir posteriormente sobre o que aconteceu para comparar o efeito educativo da resposta proporcionada. A intuição é uma forma de reflexão na ação que requer, depois, seu contraponto analítico. A razão e a intuição devem harmonizar-se e apoiar-se mutuamente para promover um desenvolvimento profissional qualificado.

Por que alguns professores são reflexivos e intuitivos, capazes de se adaptar às variáveis situações do ensino e de gerar novas respostas, enquanto outros mantêm a seqüência programada da aula sem que nada nem ninguém consiga alterar o roteiro estabelecido?[6] É uma questão de inteligência, de criatividade, de experiência, de personalidade ou de disposição? Possivelmente há um conjunto de condições que favorecem a confluência enriquecedora da razão e da intuição. Deve existir confiança nas próprias possibilidades profissionais e na capacidade de administrar as situações imprevistas com respostas inovadoras, uma confiança que também se nutre das boas relações com os alunos e com os colegas. Deve existir uma trajetória profissional pensada e inovadora sobre a qual descanse a rapidez da resposta e uma relativa segurança de acerto. Igualmente ajuda, de maneira decisiva, a vontade dos professores de desenvolver uma meta ou um projeto na sua ação docente que contribua para manter o esforço, superar as dificuldades e desfrutar da busca de soluções criativas e imaginativas. A elaboração desse projeto requer, ao mesmo tempo, reflexão sobre o significado da ação educativa, dando valor, coerência, integração e satisfação à atividade profissional.

Portanto, no limite das competências, e como expressão do bom trabalho do docente, está a intuição na sua interação dinâmica com outras formas de conhecimento. Mas a intuição assim entendida, como acabamos de apontar, não está à margem dos sentimentos dos professores, das suas relações afetivas, da sua confiança profissional, da sua participação em atividades inovadoras, do seu projeto educacional e dos seus valores, do significado que atribui à sua atividade docente, da sua satisfação e do seu bem-estar profissional. A intuição se conecta, assim, às emoções e aos valores dos professores e serve de elo de união entre suas competências profissionais e suas disposições afetivas e morais, que configuram, em certo sentido, seu caráter profissional.

NOTAS

1. Dediquei um capítulo a esses alunos no livro *Qué será de nosotros, los malos alumnos*.
2. Vale a pena ler o livro de J. LeDoux, *El cerebro emocional*. Os textos de Damásio *El error de Descartes* e *En busca de Spinoza* são uma referência imprescindível.
3. No capítulo 5 do livro *Qué será de nosotros, los malos alumnos*, dedicado aos alunos com problemas emocionais e de conduta, são comentadas mais amplamente essas habilidades.
4. A disciplina de Educação para a Cidadania foi incorporada no currículo nacional obrigatório das escolas da Inglaterra e do País de Gales em 2002.
5. No Capítulo 4 são tratadas as relações emocionais entre os docentes e as famílias.
6. Também há outro grupo de professores que confundem a intuição com a ausência de planejamento.

4

AS EMOÇÕES DOS PROFESSORES

**POR QUE UMA QUESTÃO CENTRAL NA
EDUCAÇÃO TEM SIDO TÃO POUCO ESTUDADA?**

"As emoções estão no coração do ensino", afirma Andy Hargreaves (1998) de maneira veemente em um dos seus artigos dedicados ao tema das emoções dos professores. Quase nenhum docente poria em dúvida essa afirmação, e, inclusive, a maioria dos cidadãos pode aceitá-la sem dificuldade. O trabalho no ensino está baseado principalmente nas relações interpessoais com os alunos e com outros colegas, razão pela qual as experiências emocionais são permanentes. Irritação, alegria, ansiedade, afeto, preocupação, tristeza, frustração, etc., são alguns dos sentimentos que vive o professor no seu dia-a-dia, com maior ou menor intensidade e amplitude. Alguns têm a sorte e o *bom fazer* de conseguir que primem as emoções positivas; para outros, pelo contrário, predominam o infortúnio e as habilidades limitadas, o que faz com que as experiências negativas tenham maior peso. Quando essa última constatação se generaliza para sua maioria, encontramos descritores da situação dos professores com uma profunda carga emocional: sofrem de estafa, sentem-se desvalorizados ou sofrem uma pressão contínua por parte dos alunos e das suas famílias.

Mas se em qualquer época histórica as emoções sempre ocuparam um papel relevante no mundo do ensino, nos tempos atuais sua importância é ainda maior. As mudanças na sociedade e na família, as crescentes exigências sociais, a incorporação na escola de novos grupos de alunos que deverão permanecer nela durante mais tempo, o tipo de relações sociais que se estabelecem entre os diferentes membros da comunidade educacional, a ampliação dos objetivos do ensino e as novas competências exigidas dos professores contribuem para que seja fácil compreender as dificuldades de ensinar e as tensões emocionais que essa tarefa traz consigo. O professor, como descreve Hargreaves (2003), está permanentemente em situação paradoxal: é uma das vítimas da sociedade multicultural e de informação na qual deve desenvolver seu trabalho, mas, ao mesmo tempo, deve promover a integração de seus alunos em uma sociedade plural e tecnológica e deve poder enfrentar com êxito suas limitações: risco de isolamento, de superficialidade, de perda de identidade, de individualismo e de ceticismo.

Não são apenas as conseqüências da sociedade multicultural e da informação que provocam as tensões emocionais dos professores. Também a violência da sociedade, a marginalização de determinados grupos de pessoas, as desigualdades sociais e a falta de recursos familiares e pessoais contribuem para que as relações no seio da escola sejam potencialmente mais conflituosas. As dificuldades de garantir uma boa convivência nas escolas e a existência de maus-tratos entre iguais e entre alunos e professores são uma expressão dessa situação, que se complica de maneira alarmante quando o funcionamento da escola está deteriorado. Então, com maior força ainda, a pressão emocional que vivem os professores pode se tornar insuportável e arrasar qualquer raciocínio que advogue pela compreensão, pelo diálogo e pela negociação das soluções.

Além disso, como conseqüência desses problemas – apesar de alguns considerarem que pode ser sua causa –, os sistemas educacionais vivem em permanente estado de reforma. Continuamente são formuladas propostas sobre novas etapas educacionais, novos currículos, novos métodos de ensino, novas formas de avaliação, novos sistemas de colaboração ou novas competências profissionais, o que obriga os professores a reagir a elas e a adaptar suas formas de trabalho. Não se trata de um processo situado exclusivamente no plano racional, aliás é vivenciado com intensidade na esfera emocional. A angústia, a insegurança, a raiva, a esperança, a ilusão, a apatia ou a perplexidade estão presentes na resposta dos professores às mudanças que os reformadores da educação apresentam.

Todavia, apesar dessa situação e da percepção generalizada que existe sobre a pressão emocional que vivem os professores, as pesquisas sobre as emoções nessa profissão são muito recentes. A revisão feita por Sutton e Wheatley (2003) sobre o tema aponta duas razões principais para explicar a escassa relevância dada às emoções dos professores na pesquisa psicológica e educacional. A primeira é o reduzido tempo de vigência da revolução emocional na psicologia. A segunda, as idéias sobre as emoções que prevalecem na cultura ocidental. Vejamos brevemente cada uma delas.

O paradigma cognitivo, dominante na psicologia a partir da década de 1960, estendeu-se 10 anos depois, já na década de 1970, ao estudo das convicções dos professores e fez surgir um novo enfoque sobre o processo de ensino e aprendizagem. Convém levar em consideração que as mudanças dos modelos nas disciplinas básicas precisam de tempo até orientar a reflexão, os métodos e os temas das disciplinas aplicadas. É exatamente isso que está acontecendo na pesquisa sobre as emoções dos professores. Apesar de o renovado interesse pelas emoções ter começado na psicologia no início dos anos de 1980,[1] somente em meados dos anos de 1990 começou a ter relevância na pesquisa educacional.

No entanto, essa defasagem temporal entre a pesquisa básica e a aplicada não é a única razão do esquecimento das emoções nos estudos educacionais. A segunda causa que mencionam Sutton e Wheatley, e talvez a mais importante, é a valorização – se bem que seria mais exato falar em desvalorização – das emoções na cultura ocidental. A tradicional dicotomia entre o corpo e a alma, entre a razão e as emoções, na qual a um dos pólos são atribuídas as possibilidades e ao outro os riscos e perigos, é algo que tem se mantido durante muitos anos na pesquisa educacional. Não é de estranhar, portanto, que durante muito tempo tenha se sustentado a tese de que, se conhecemos o pensamento ou as idéias dos professores, vamos poder compreender sua prática, com o conseguinte esquecimento da dimensão emocional. A emoção tem sido considerada em muitas ocasiões como imprópria para os professores, destrutiva, origem de muitas injustiças e conflitos. Entre as crenças de pesquisadores e professores estava a de considerar que um bom professor é aquele que tem sob controle a esfera emocional.

Não há mais dúvida, nesse momento, de que o conhecimento, o afeto e a ação estão entrelaçados na vida, principalmente em uma profissão tão carregada de emoção como é a docente. Diante dos tradicionais riscos e perigos das emoções, é preciso descobrir e potencializar sua riqueza e suas possibilidades, sem esquecer, é claro, suas possíveis conseqüências negativas. Em todo caso, as emoções devem ser reconhecidas e analisadas. As pesquisas de Damásio (1994, 2003) constituem um sólido respaldo científico para essa perspectiva. O julgamento, afirmará ele com lucidez, é enriquecido pelos sentimentos e pela paixão mais do que pela distância desapaixonada e neutra. As emoções também exercem influência na motivação, no esforço e na ação que desenvolvemos. Por sua vez, a reflexão e o controle cognitivo devem ajudar a moderar e canalizar nossas emoções, para que tomemos consciência do tipo de informação, pessoal ou contextual, que elas estão nos transmitindo.

Isso não quer dizer, entretanto, que, quando os sentimentos exercem uma ação positiva, podemos deixá-los tomar a decisão por nós; ou que não sejamos seres racionais. Apenas sugiro que determinados aspectos do processo da emoção e do sentimento são indispensáveis para a racionalidade. No melhor dos casos, os sentimentos nos encaminham na direção adequada, levam-nos para o lugar apropriado, em um espaço de tomada de decisões em que podemos dar um bom uso aos instrumentos da lógica. Enfrentamos a incerteza quando temos que fazer um julgamento moral, decidir sobre o futuro de um relacionamento pessoal, escolher alguns mecanismos para evitar ficar sem um centavo quando velhos ou quando precisamos planejar a vida que temos pela frente. A emoção e o sentimento, junto com o aparelho fisiológico oculto por trás deles, ajudam-nos na intimidante tarefa de predizer um futuro incerto e de planejar nossas ações em conseqüência. (Damásio, 1994, p. 10 e 11 da edição espanhola)

Apesar das pesquisas sobre a esfera emocional dos professores serem poucas, os temas abordados são numerosos e dispersos, o que dificulta sua organização e, ouso dizer, também a vigência das conclusões obtidas. Possivelmente, dentro de poucos anos, o progresso nos estudos sobre as emoções, especialmente sobre as dos professores, irão obrigar a refazer e completar as propostas que agora são formuladas. Quatro temas constituirão o núcleo central do capítulo: as relações emocionais dos professores, a cultura escolar das emoções, a identidade profissional e o cuidado com bem-estar emocional. Mas antes, umas breves pinceladas históricas.

UMA NOTA SOBRE A RECENTE HISTÓRIA DOS ESTUDOS SOBRE AS EMOÇÕES

Zembylas (2005) propõe discriminar duas etapas nos estudos sobre as emoções dos professores: a primeira, que estaria situada na década de 1980, seria caracterizada por ter estabelecido a importância do estudo das emoções no ensino; a segunda, a partir do início dos anos de 1990, teria uma clara influência do sócio construtivismo e analisaria as emoções dos professores como expressão das suas interações sociais, com claras repercussões em seu trabalho e sua vida.

Os primeiros estudos foram centrados na compreensão das emoções dos professores e sua influência no processo de ensino e aprendizagem. A pesquisa mais representativa desse período talvez seja a realizada por Salzberger-Wittemberg, Henry e Osborne, publicada em 1983, com clara orientação psicanalítica, na qual se mostra como a dinâmica familiar precoce, com suas fantasias, desejos e temores, pode influenciar na conduta dos professores e na maneira pela qual se relacionam com seus alunos. São estudos que mostram as suas emoções a partir de uma perspectiva estritamente psicológica, na qual se destaca seu caráter individual, fruto da história afetiva dos docentes.

O início da mudança que levou a uma nova forma de abordar as emoções dos professores ocorre a partir dos trabalhos de Nias (1996), que propõem compreender o trabalho dos professores para analisar, depois, como surgem as emoções no processo de ensino e aprendizagem. Nias considera que as emoções são fruto da interação com os alunos e colegas, mas que também existem em função das demandas e exigências do sistema educacional. As relações entre a vida dos docentes e sua profissão, o envolvimento pessoal na tarefa de ensinar e os riscos que ele deve correr para manter o sentimento de identidade profissional são alguns dos temas abordados por Nias em seus numerosos trabalhos.

Os estudos sobre o estresse e o *burnout*, ou mal-estar dos professores, também marcam a mudança de etapa. De uma visão das emoções centrada nas experiências pessoais dos docentes, avança-se para uma compreensão social, histórica e estrutural na qual a sua situação é explicada principalmente pelo contexto político e social. De uma fase psicológica, individual e descritiva, progride-se para outra com clara ênfase sociológica, interativa, global e interpretativa.

A segunda etapa das pesquisas sobre as emoções dos professores, de acordo com Zembylas, aprofunda o estudo do contexto social e educacional em que elas ocorrem. Os enfoques baseados no sócio construtivismo, no interacionismo simbólico e na sociologia ocupacional são majoritários e trazem uma visão das emoções na docência não como um assunto que se refere às disposições pessoais ou às virtudes privadas, mas em função do modo como a organização do ensino molda as suas experiências emocionais. O caráter emocional do ensino, afirmará Hargreaves (2000), é influenciado e configurado pelas vidas e identidades dos professores, mas também pelas condições variáveis do seu trabalho.

Os temas abordados são numerosos, ainda que dispersos: as relações dos professores com seus alunos, com seus colegas e com as famílias; a vinculação das emoções dos professores com a política educacional e as reformas empreendidas; as repercussões da tensão causada pelas novas condições do ensino; a influência das emoções no desempenho profissional; as dimensões moral e política das emoções dos professores; a perda do sentido de identidade, e as estratégias que permitem manter o bem-estar e a cultura emocional das escolas são os principais objetivos das pesquisas sobre as emoções dos professores. Todos eles oferecem visões complementares, às vezes antagônicas, sobre como podemos entender as emoções que vivenciam os professores em sua atividade, como administrá-las e vivê-las, o que fazer para enfrentar com equilíbrio as muitas vezes confusas demandas do sistema educacional e as ainda mais numerosas tensões que são vivenciadas nas relações com os alunos. Nas próximas páginas, de um modo ou de outro, grande parte das conclusões dos estudos aqui mencionados serão consideradas.

Mas não se faria justiça às mudanças que estão ocorrendo na conceituação das emoções dos professores sem fazer referência a três tipos de propostas ou orientações que estão adquirindo uma importância fundamental nos estudos sobre as emoções: o trabalho de Goleman, a pesquisa neuropsicológica e as idéias feministas.

A obra de Goleman (1995, 1998) em torno da inteligência emocional teve um impacto enorme na opinião pública e contribuiu decisivamente para popularizar a função das emoções na vida pessoal e no trabalho institucional. Suas cinco competências básicas – saber como expressar as próprias emoções, controlar os afetos, sentir empatia pelos estados emocionais dos outros, motivar a si mesmo e aos demais e exercer um amplo leque de habilidades sociais – já orientaram inúmeros estudos e discussões e serviram para que, de alguma maneira, façam parte do significado do bem-estar pessoal e profissional dos professores e, também, dos alunos. O objetivo da denominada "alfabetização emocional" é parte integrante desse impulso coletivo de incorporar as emoções na vida educacional.

O desenvolvimento da obra de Goleman não tem sido isento de controvérsias. Alguns críticos apontam que ele reduz o eu social a uma dimensão individual e que não considera a influência do contexto social, cultural, profissional e político na vivência e nas suas expressões. Além disso, também indicam que sua definição é vaga e imprecisa, mais próxima do conceito de caráter que de inteligência e que seus trabalhos parecem estar mais orientados à exploração comercial do que à compreensão psicológica. Em todo caso, apesar das limitações científicas, é preciso sublinhar sua influência no reconhecimento social da dimensão emocional.

As pesquisas neurobiológicas (LeDoux, 1999; Damásio, 1994 e 2003/2005) sobre as emoções igualmente contribuíram de maneira poderosa e com melhores argumentos científicos para destacar papel no raciocínio e na motivação das pessoas. A evidência empírica comprova que os sistemas cognitivos e afetivos estão intimamente relacionados e que não é simples separá-los no seu funcionamento adaptativo. A razão não age em paralelo com a emoção, que supostamente deve controlar e dominar, mas sim as emoções orientam a razão, proporcionando sensibilidade, direção e prioridade. A análise das bases neurobiológicas desses mecanismos mostra o "erro de Descartes", quando se separa a *res extensa* (o corpo) da *res cogitans* (a mente), e oferece uma nova perspectiva sobre o papel da experiência emocional na construção da personalidade.

Finalmente, é necessário mencionar as contribuições da perspectiva feminista para o mundo emocional. A visão feminista tenta, também, romper a dicotomia entre razão e afetividade e elucidar suas implicações para a manutenção de uma estrutura social de dominação e de marginalização da mulher. As emoções não são principalmente uma expressão das características pessoais de cada indivíduo, mas sim são geradas no contexto social, cultural e político em que as pessoas se desenvolvem. As estruturas de poder e sua influência nas diferenças de gênero estão presentes no significado que se atribui às emoções e à sua expressão. A partir desse enfoque é analisada a influência do poder, da cultura e da ideologia nos discursos sobre as emoções.[2]

Nos estudos sobre ética, as propostas feministas obrigaram a se aprofundar no comportamento moral e têm contribuído para incluir o mundo dos afetos entre as dimensões necessárias para compreender as decisões morais. As reflexões de Noddings (1984) já fazem parte das aproximações teóricas sobre ética, e suas propostas têm contribuído para que a dimensão afetiva não possa mais ser entendida como separada da dimensão moral. Esse tema constituirá um dos eixos argumentais do capítulo seguinte.

AS RELAÇÕES EMOCIONAIS DOS PROFESSORES

O significado das emoções na atividade docente

Sem dúvida, o ensino é um trabalho emocional, mas nem todos os professores experimentam as mesmas emoções. Existem profundas diferenças entre uns e outros. A que se deve isso? Convém lembrar, a esse respeito, que as emoções não são simplesmente experiências subjetivas associadas a mudanças fisiológicas, aliás derivam da percepção que as pessoas possam ter de uma situação ou acontecimento em função das suas metas pessoais. Por essa razão, existem diferenças tão importantes nas respostas emocionais que as pessoas dão diante de um mesmo fato ou situação. Há professores que interpretam o atrevimento de um aluno como um ataque à sua integridade pessoal e à sua capacidade profissional; outros, por sua vez, não se sentem atingidos diretamente e vivenciam essas situações com relativo distanciamento. As metas dos professores e o significado que atribuem aos acontecimentos ajudam a compreender suas reações emocionais.

As emoções supõem, da mesma forma, tendências de ação. Os professores estão mais ou menos dispostos a reagir a uma conduta inadequada ou a uma aprendizagem deficiente dos alunos com mais exigência ou com diálogo, com preocupação ou com ceticismo, com comprometimento ou com superficialidade. Por essa razão, também suas emoções são diferentes: não são apenas seus motivos que orientam o tipo e a profundidade dos sentimentos que irão viver, mas está em jogo sua disposição pessoal para a ação. Poderíamos, em certo sentido, falar do caráter pessoal do professor para compreender a expressão de suas emoções.

No entanto, cometeríamos um grave erro se, na interpretação das emoções dos professores, fizéssemos intervir somente seus motivos, seus projetos e sua personalidade. As emoções no trabalho dependem em grande medida do contexto no qual os profissionais desenvolvem sua atividade, das convicções sociais sobre o ensino e da regulação cultural do mundo emocional. Não é possível compreender as emoções somente a partir da individualidade do professor: é preciso incluir o entorno profissional, social e cultural em que cada um desenvolve seu trabalho.

Da mesma forma, também é necessário compreender a valorização cultural da dimensão emocional. Professores, alunos, pais e cidadãos em geral dependem do entorno cultural em que vivem e no qual trabalham. Todas as culturas incorporam alguns mecanismos que pretendem valorar e regular as expressões emocionais dos seus membros. É lógico, portanto, que essas normas, mais ou menos formalizadas e aceitas, penetram na cultura da escola e modulam a atividade dos professores.

Igualmente não devem ser esquecidas as crenças sociais sobre a educação e sobre a incorporação das emoções na atividade educacional. A importância que a sociedade e a família atribuem a determinados comportamentos na escola, o valor da flexibilidade ou da exigência, a concepção sobre o castigo, a visão sobre o trabalho dos professores, sobre sua autoridade e sobre suas relações com os alunos e com a comunidade educacional, assim como a preferência por certos objetivos educacionais em detrimento de outros, estabelecem limites, orientam as relações interpessoais no ensino e provocam determinado tipo de respostas emocionais nos docentes.

Na introdução editorial para um número especial sobre as emoções, da revista *Cambridge Journal of Education* (1996), Jennifer Nias assinalou que as emoções mais extremas e negativas dos professores referem-se não tanto aos problemas que surgem nas relações com os estudantes, mas a dificuldades e tensões com os colegas, com os pais, com a estrutura educacional ou com o efeito das políticas de educação. O estudo das emoções dos professores não pode, conseqüentemente, ficar circunscrito aos sentimentos vivenciados com os alunos. Deve se estender para outras relações, algumas delas mais fáceis de observar, como aquelas que se estabelecem com colegas e pais, e outras menos visíveis, mas também poderosas, como aquelas que se referem à percepção do efeito das mudanças propostas na identidade profissional dos docentes e na sua sensação de sucesso ou fracasso.

As emoções positivas ou negativas guardam uma estreita relação com as metas ou com os projetos pessoais dos professores. O orgulho e a satisfação surgem principalmente de atingir os objetivos estabelecidos para a atividade, sobretudo fazer com que os alunos gostem de aprender. O estudo clássico de Lortie (1975) tem sido reproduzido em várias pesquisas; todas elas confirmaram que a recompensa dos professores era maior quando conseguiam mudar o rumo dos estudantes, quando eles voltavam à escola para agradecer por sua influência ou quando seu trabalho era reconhecido e valorizado publicamente.

Do contrário, quando os professores não conseguem seus propósitos, sentem ansiedade, raiva, culpa e outras emoções negativas (Hargreaves, 2003). Essas reações ocorrem principalmente se os professores não conseguem provocar o interesse nos seus alunos, ou quando percebem que as reuniões de trabalho com seus colegas são inúteis, ou se comprovam que os pais não colaboram e, ainda, fazem críticas, ou quando sentem que as mudanças que lhes são impostas não dão resposta aos problemas da educação. Mas para que essas emoções aconteçam, é necessário que exista um propósito, um objetivo que se pretenda alcançar em relação aos alunos, aos colegas, aos pais e à educação. Se esse projeto não existe, provavelmente não ocorrerão as emoções negativas, mas também irão diminuir drasticamente as positivas. Por isso as emoções negativas não podem ser entendidas, em muitos casos, como uma resposta que deve ser evitada, senão, de forma mais acertada como a reação adequada diante de uma situação complicada ou frustrante.

A última reflexão me leva a desconfiar da diferença entre emoções positivas e negativas tal como é encontrada na pesquisa educacional, a qual considero que é esquemática demais e não corresponde com o significado e a função das emoções na atividade humana. A emoção não é somente uma determinada experiência subjetiva, de afeto ou de irritação, vivenciada pelo professor. Se assim fosse, talvez poderíamos aceitar a dicotomia entre emoções positivas e negativas. A emoção inclui a percepção de uma situação em função dos objetivos pessoais e a disposição para determinadas ações. As emoções são, também, sinais de alerta que devem ser atendidos e orientações diante de determinadas situações que devem ser avaliadas. Por isso, às vezes as emoções que tenho chamado de negativas – como aborrecimento com uma conduta inaceitável na sala de aula, ou diante de uma situação de injustiça – são necessárias e benéficas. Negativo seria, nesses casos, uma reação superficial do professor, ou se ele voltasse seus olhos para outro lado, como se nada houvesse acontecido. Talvez assim ele não experimentasse uma emoção pouco confortável, mas poria em dúvida sua responsabilidade profissional e a coerência do seu comportamento com os objetivos que a instituição escolar apresenta e com os direitos que os alunos reclamam.

A valorização das emoções deve estar em função da sua congruência com a situação percebida e da sua coerência com a ação desencadeada. O fato de um aluno ser maltratado por outro, por exemplo, deve provocar a indignação do professor e uma resposta sua que evite a repetição do dano e tente restituir a dignidade do aluno maltratado. O sentimento de culpa que o professor poderia sentir caso fosse consciente de que esse comportamento poderia ter sido evitado também não seria uma emoção negativa, inclusive ouso considerá-la positiva, apesar do mal-estar que provoca. Pelo contrário, a falta de indignação ou de sentimento de culpa, nesse caso hipotético, deveria ser considerada como um sério problema emocional.

As vivências emocionais no trabalho com os colegas

Em um de seus estudos sobre as emoções dos professores, Hargreaves (1998) aponta quatro áreas que caracterizam as relações dos docentes com seus colegas: o apreço e o reconhecimento; o apoio pessoal e a aceitação social; a cooperação, a colaboração e o conflito; a confiança e a deslealdade. Cada uma delas tem sua vertente positiva e negativa, que, em conjunto, proporcionam uma visão bastante completa do que sentem os professores em suas trocas emocionais e sociais com seus colegas.

O reconhecimento e o apreço dos colegas é uma das principais fontes de satisfação profissional dos professores. Alcançar esse sentimento reconfortante resume grande parte das suas aspirações, uma vez que supõe alcançar a valorização, a estima e a consideração de seus pares, o que tem enorme importância em uma profissão que exige uma relação tão estreita com os outros.

A valorização de cada professor se apóia em características diferentes. Em alguns casos, é seu modo de ensinar os alunos; em outros, sua sensibilidade e proximidade com os colegas; em ocasiões, é devido à sua disponibilidade; outras vezes, é sua capacidade organizativa, sua liderança ou sua habilidade para resolver problemas; o senso de humor também pode estar entre as habilidades valorizadas. Entre todas elas, talvez sejam a responsabilidade e a boa prática profissional as que proporcionam a ele um reconhecimento maior entre outros professores. É preciso lembrar que nem todos valorizam nos outros as mesmas coisas, e que é difícil que exista uma valorização unânime de cada um dos professores. Contudo, o que o docente precisa é contar com o reconhecimento de algum grupo de colegas, mesmo que seja reduzido, que proteja sua auto-estima e ajude a manter sua identidade profissional. Um reconhecimento que não é fácil de se conseguir. De modo impactante, Hargreaves afirma que, no ensino, se você quer ter o apreço dos seus colegas, o melhor é estar doente, ter um filho, pedir aposentadoria ou morrer.

O sentimento de reconhecimento profissional normalmente vem acompanhado por uma demanda de filiação social. Os professores, sobretudo aqueles que se incorporam pela primeira vez na escola, desejam sentir-se acolhidos e manter relações sociais positivas com a maioria dos seus colegas. Não obstante, em ocasiões, isso não é simples de conseguir. As escolas já configuraram uma rede de relações, de grupos e de subgrupos, em torno de projetos, interesses, amizades ou inimizades, que facilitam ou bloqueiam o trabalho coletivo e o apoio mútuo. Algumas vozes já se levantaram contra os vínculos afetivos excessivamente estreitos entre professores, porque com isso se impediria ou limitaria o espírito independente, a indagação e a crítica, única maneira de fazer progredir o conhecimento e o funcionamento das instituições. Porém, não há dúvida de que ainda mais prejudicial que os laços excessivamente fortes é a ausência de vínculos afetivos ou a existência de confrontos pessoais permanentes. A conseqüência habitual dessa situação de conflito é a paralisação das iniciativas inovadoras, a dificuldade de enfrentar os problemas, o cansaço e o fortalecimento da atitude individualista.

O trabalho dos professores exige que haja colaboração entre eles para garantir um projeto compartilhado e um ensino coerente para os alunos. Contudo, o trabalho colaborativo não é simples. Como já foi exposto no capítulo anterior, requer tempo, disponibilidade, habilidades sociais e grupais, uma certa sintonia – seja ideológica, afetiva ou educacional – e a percepção de que vale a pena fazer um esforço para favorecer a coordenação e a troca de informação e de iniciativas. Muitos professores acham que a tensão ao se trabalhar com os colegas é uma das emoções mais desagradáveis, enquanto a sensação de trabalhar em equipe e de realizar projetos compartilhados está entre as emoções mais gratificantes do trabalho docente.

A lealdade e a confiança são duas atitudes imprescindíveis para o trabalho em comum de qualquer grupo humano, mas são especialmente importantes quando seus membros mantêm uma relação permanente, como é o caso dos professores. Aqueles que chegaram a ter uma confiança básica nos outros, por meio de experiências positivas ao longo da sua vida, são mais capazes de escutar os demais, de reconhecer sua identidade pessoal, de valorizá-los e de respeitá-los. Os professores seguros e confiantes estabelecem com maior facilidade relações afetuosas e igualitárias com seus colegas. Junto a essa atitude pessoal, difícil de conseguir quando não foi construída ao longo das primeiras décadas da vida, convém destacar, também, a importância dos processos institucionais. A informação verdadeira e completa, o cumprimento dos acordos, a percepção coletiva de que existem regras que serão respeitadas – entre as quais está o reconhecimento dos direitos de todos os professores e o apoio ao seu trabalho –, assim como a existência de vias de comunicação eficientes, são elementos que facilitam que um maior número de professores passe a sentir mais interesse e confiança para participar em projetos compartilhados. Para que isso ocorra, a ação das equipes diretivas visando fortalecer uma cultura escolar baseada no diálogo, no respeito, no dinamismo e na exigência é fundamental.

As relações emocionais com os alunos

A maioria dos estudos destaca duas emoções positivas dos professores em relação aos seus alunos: o afeto por eles e a satisfação por seus progressos escolares. A primeira delas está amplamente confirmada. O carinho pelos alunos não é uma emoção própria das mulheres que trabalham na educação infantil e nas séries iniciais do ensino fundamental, mas também está presente nos homens e naqueles que trabalham com as séries finais do ensino fundamental e início do médio. É verdade, como vamos assinalar depois, que as relações afetivas com os alunos vão diminuindo com a idade e que, portanto, têm um peso menor nas etapas educacionais avançados. Entretanto, em todos os casos, o carinho e a preocupação pelos alunos se mantém como uma das emoções mais intensas.

A segunda experiência emocional mais citada refere-se à satisfação pelas conquistas dos alunos. Os professores sentem que seu esforço profissional é recompensado quando percebem que seus alunos aprendem, que aqueles mais atrasados recuperam terreno, que os desinteressados começam a prestar atenção e que os alunos desobedientes são capazes de cumprir as normas estabelecidas e negociadas com eles.

As experiências emocionais negativas também são muitas. As duas mais comuns, ou pelo menos as mais presentes nas pesquisas realizadas, são a frustração e a irritação. Ambas podem ser originadas em numerosas situações que os professores vivem diariamente: objetivos inatingíveis, atitudes negativas de alunos e pais, falta de apoio para realizar determinadas tarefas, falta de atenção e mau comportamento dos alunos ou ausência de colaboração dos colegas. Em certas ocasiões, o cansaço e o estresse dos professores levam ao aumento das suas emoções negativas, o que se transforma em um círculo vicioso de experiências que se reforçam mutuamente. Essa tensão, caso se mantenha durante um certo tempo, pode levar ao cansaço, ao abatimento e a um colapso emocional, apesar de que a resposta vai depender, finalmente, dos mecanismos de que disponha o professor para administrar seus conflitos e suas emoções negativas.

O enfrentamento com alunos desordeiros, agressivos ou com graves problemas de conduta durante a aula, constitui uma das experiências mais negativas para os professores. A tensão que esses confrontos geram, seu efeito no comportamento dos outros alunos e a quebra de ritmo do ensino complicam grandemente a docência, tornando-a, às vezes, difícil de suportar. Esses alunos, ao mesmo tempo, causam dano, às vezes muito dano, e sofrem; têm muita dificuldade para abandonar determinados padrões de comportamento, porque esse é o único caminho que conhecem para obter alguma valorização dos outros e afirmar sua auto-estima (Marchesi, 2004). Diante dessa situação, o professor se encontra entre dois pólos: um seria o castigo e a separação da turma, como forma de proteger os direitos dos outros alunos e os seus; o outro, optar pelo diálogo, pela negociação e pelo compromisso como a melhor maneira de conseguir os mesmos objetivos e recuperar o aluno. A equilibrada e serena utilização de ambas as estratégias em benefício dos alunos talvez seja a atitude mais positiva nesses casos.

A influência das relações afetivas com os alunos na satisfação profissional dos docentes modifica-se conforme a idade dos alunos. Assim, na educação infantil e nas séries iniciais do ensino fundamental, elas têm uma importância determinante, enquanto nas séries finais do ensino fundamental têm um valor similar ao de outras vivências relacionadas com as competências dos alunos. Essas últimas, baseadas no conhecimento, na aprendizagem e no desenvolvimento pessoal dos estudantes, mais do que nos vínculos afetivos com o professor, situam-se claramente no centro das experiências positivas dos docentes nas etapas educacionais posteriores.

Para garantir que o professor será capaz de favorecer o desenvolvimento emocional dos alunos e administrar os conflitos que possam ocorrer, é necessário que os docentes também cuidem do seu próprio desenvolvimento emocional. Somente dessa forma eles sentirão segurança para buscar novas estratégias que lhes permitam enfrentar com acerto e satisfação as tensões afetivas provocadas pelos alunos, especialmente por aqueles com problemas emocionais e de conduta.

As relações emocionais com os pais

As interações dos professores com os pais também têm importantes implicações emocionais; porém sua intensidade depende da etapa educacional. Os pais normalmente estão pouco tempo na escola, suas visitas são esporádicas e o efeito dos possíveis conflitos é limitado e não interfere excessivamente na atividade do professor. Apesar disso tudo, as relações com os pais são uma realidade cada vez mais presente nas experiências dos professores, e o acerto na colaboração mútua significa um apoio inestimável para o seu trabalho.

As vivências afetivas que são geradas nas relações entre professores e pais não podem ser compreendidas simplesmente ao se observar a interação que eventualmente ocorre entre eles. Há um conjunto de variáveis que intervêm nessa relação e que provocam determinados resultados. O modelo proposto por Lasky (2000) defende que as interações entre pais e professores têm um forte componente emocional, que depende dos propósitos morais dos docentes, da cultura escolar, das suas idéias e do *status* e poder que cada um atribui ao outro. Além disso, essas interações não podem ser desvinculadas da relação que cada um mantém com seu filho-aluno, o que faz desse fator outra referência necessária para compreender as reações emocionais que ocorrem no encontro entre pais e professores.

Como no caso das relações com os alunos, o que o professor espera conseguir dos pais condiciona suas reações emocionais. Os projetos dos docentes orientam o tipo de relação que pretendem estabelecer com os pais e as expectativas que depositam nela.

Também as crenças e práticas majoritárias da escola com relação ao papel dos pais na educação, elementos que fazem parte da cultura escolar, abrem possibilidades ou estabelecem limites no encontro dos professores com os pais. Há escolas com dinâmicas positivas de encontro e participação, que reconhecem que o papel dos pais é necessário; outras, por sua vez, mantêm uma cultura de suspeita, ceticismo e distância entre uns e outros.

As relações entre pais e professores estão igualmente influenciadas pela posição que cada um atribui a si mesmo na relação com o outro. O sentimento que tem o professor de ser o especialista, o conhecedor das chaves da educação, da aprendizagem em geral e do aluno em particular, condiciona suas expectativas sobre o papel que devem desempenhar os pais, que normalmente é de aceitação incondicional de suas propostas. Em contraposição a isso, considerar que a relação entre professores e pais acontece em planos diferentes, mas complementares, sem que um deles – a escola, as relações educacionais que nela acontecem e a visão do professor – seja necessariamente superior ao outro – a família, as relações educacionais que existem em seu seio e a visão dos pais –, contribui para que a relação se estabeleça em um contexto de colaboração, de troca de experiências e de mútua aprendizagem.

Finalmente, não se pode esquecer o papel do filho-aluno nesse processo. Seu comportamento na escola e na família, as relações com colegas, amigos e irmãos, as informações que transmite na escola sobre seus pais, ou na família sobre seus professores, influenciam nas relações entre pais e professores e nas repercussões emocionais que provocam.

Nesse complexo jogo de influências por trás das relações entre professores e pais, que tipo de emoções vivenciam professores habitualmente? Como se sentem no encontro com os pais? Por tudo o que já foi exposto, não é fácil fazer afirmações gerais: as emoções dos docentes dependem de múltiplos fatores que levam a respostas diferentes. Contudo, alguns estudos têm mostrado determinadas vivências preponderantes. Os professores apontam que experimentam emoções positivas nas suas interações com as famílias, como bem-estar e satisfação, quando acreditam que os pais estão sendo responsáveis, quando notam que eles apóiam e reconhecem o seu esforço ou quando respeitam seu julgamento profissional.

Do contrário, quando os pais não seguem as normas estabelecidas pela escola, questionam a autoridade dos professores ou não reconhecem seu esforço, eles sentem desgosto, temor e frustração. Quando os professores percebem que os pais não se preocupam com seus filhos, não cuidam deles ou não assumem sua responsabilidade, sentem-se frustrados, indefesos, desmoralizados ou irritados. Os professores mencionam continuamente seu sentimento de impotência quando os pais não são capazes de desenvolver em seus filhos o senso de responsabilidade com respeito aos estudos.

Não se pode esquecer que as relações dos professores com os pais estão condicionadas pelo modelo de família que eles consideram mais positivo para o desenvolvimento, o equilíbrio emocional e a aprendizagem dos alunos. Algumas pesquisas (Hargreaves, 2003) mostraram que muitas práticas escolares têm como modelo do que é um bom ambiente educacional a família nuclear heterossexual, com dois pais de classe média. Aquelas famílias que não se ajustam a esse modelo têm uma probabilidade maior de serem classificados como inadequadas ou insuficientes. Qual será a reação dos professores diante dos problemas de um aluno com pais ou mães homossexuais?

Quando valores e metas são compartilhados, as relações entre professores e pais tendem a ser mais satisfatórias. O fato de os dois grupos terem visões diferentes quanto ao significado da educação e do papel da família e da escola provoca um desencontro inicial importante. Esse é um dos motivos pelos quais as relações entre as famílias imigrantes e os professores enfrentam maiores dificuldades. Não é o único, com certeza, uma vez que a língua ou a distância que separa os pais dessa cultura escolar são fatores que contribuem para esse distanciamento, mas não há dúvida de que, quando os valores em comum são frágeis, as dificuldades são maiores.

Hargreaves (2003) fez uma instigante análise das emoções de diferença e de desagrado. Nas sociedades desiguais, afirma, a distribuição da dignidade cria economias de diferença e desagrado. Aqueles que têm sucesso herdam ou adquirem o gosto puro, a distinção, o que permite que as pessoas se vejam como vinculadas, distintas, e decidam o que deve ser repudiado ou evitado. Esse é o grupo que determina o que deve ser aceito ou rechaçado, o que é satisfatório ou repugnante. Hargreaves aplica essa diferenciação em sua análise das emoções dos professores e assinala, a partir da sua própria experiência, que aqueles que expressaram emoções negativas com relação aos pais de uma classe mais baixa ou a minorias que os desafiavam descreviam suas ações com verbos que implicam contaminação: os pais "interrogavam-nos", "desabafavam" e "soltavam-lhes" coisas na cara. Esses verbos expressam desagrado e servem para os "profissionais" manterem distância dos pais que questionam sua atividade e seus conhecimentos. Dessa forma, reafirmam os padrões aceitáveis do que é a educação e estabelecem a barreira entre o que é diferente e o que é desagradável.

A resposta emocional diante das reformas na educação

As relações emocionais que os professores experimentam com seus colegas, com os alunos e com os pais dependem em grande medida do contexto em que elas se desenvolvem. Como disse anteriormente, as emoções não podem ser compreendidas apenas a partir da experiência subjetiva ou das vivências compartilhadas com os outros, mas na sua interpretação devem ser incorporadas múltiplas dimensões contextuais, sociais e políticas. O desconhecimento ou esquecimento desses fatores impede a tomada de consciência do completo significado das emoções dos docentes.

Os professores vivenciam com prevenção e temor as propostas de reforma vindas dos responsáveis pela educação. Já de início, sua experiência prévia os leva a desconfiar do apoio que irão receber durante o tempo em que as mudanças propostas serão aplicadas. Mas, além disso, as mudanças, sobretudo quando são profundas e afetam a organização do ensino e a função dos docentes, supõem, por parte dos professores, um esforço pelo qual muitas vezes não se sentem reconhecidos ou recompensados. Essa falta de ajuste entre as reformas exigidas, os meios disponíveis, o apoio recebido e o reconhecimento do trabalho realizado provoca mal-estar nos professores. O problema principal não está nas mudanças iniciadas, mas, sim, na percepção, por parte dos docentes, de que não há uma compreensão suficiente das dificuldades que elas provocam, das adaptações que exigem, do esforço que significam e dos conflitos que deflagram. Também é preciso reconhecer que muitos preferem estabilidade à mudança, o que os leva a ver com desconfiança qualquer iniciativa que altere a situação estabelecida.

A LOGSE[*] significou uma mudança profunda no trabalho dos professores do ensino médio, porque com ela a docência teve que se incorporar na nova etapa das séries finais do ensino fundamental e início do ensino médio. Não só mudaram os alunos, mas também a organização do ensino, o currículo, o horário das disciplinas, as funções docentes, as relações com professores de outras etapas educacionais, que aceitavam ministrar aulas nas séries finais do ensino fundamental, e o sistema de avaliação e promoção. Eram muitas transformações ao mesmo tempo, e a elas seria necessário acrescentar, ainda, as derivadas das mudanças sociais, culturais e tecnológicas, ocorridas na Espanha ao longo da década

---

[*] N. de T.: Lei de Ordenação Geral do Sistema Educacional.

de 1990. Muitos professores sentiram-se incompreendidos ao perceber que seu *status* profissional estava sendo questionado por muitas frentes. Se esse questionamento estivesse associado a claras melhorias nas condições de trabalho – número reduzido de alunos por turma, horário suficiente para as disciplinas, critérios claros de avaliação e promoção e aumento dos apoios às escolas –, possivelmente as reações emocionais teriam sido menos negativas. Mas, infelizmente, esse último tipo de mudança não aconteceu, ou foi feito de forma mais lenta do que seria desejável.

Talvez não se tenha cuidado o bastante do ritmo das mudanças e não se tenha compreendido suficientemente a identidade profissional e emocional dos antigos professores do ensino médio, o que, por outro lado, ocorreu com os da educação infantil, do ensino fundamental e da formação profissional. É verdade que as mudanças nessas outras etapas educacionais não foram tão drásticas, ou foram percebidas, como no caso da formação profissional, como uma aposta pelo reconhecimento social de seus ensinamentos e, conseqüentemente, dos seus professores. Mas, no caso dos docentes do ensino médio, a percepção de estarem sendo desvalorizados foi vivenciada associada a uma mudança negativa das condições de trabalho e à falta de compreensão de um determinado modo de viver a profissão, em cujo marco eles haviam ingressado na atividade.

Da mesma forma, é preciso dizer que nem todos os antigos professores do ensino médio sentiram-se feridos pela reforma da LOGSE e pelo novo perfil profissional que passou a ser exigido. Uma porcentagem significativa encarou com ilusão e determinação – não isentos de tensões, decepções e dificuldades – os novos objetivos da educação. Por que os professores reagiram de maneiras diferentes? Foi a idade, o caráter, a história pessoal ou as experiências educacionais prévias o que determinou o tipo de reação de uns e de outros?

Como já apontei no Capítulo 2, o fator determinante, sem negar a existência de outros muitos que podem ter influído, esteve no sentido da educação e nos projetos que cada um assumia. Aqueles professores mais sensíveis ao propósito de uma educação comum para todos, com uma visão da educação que incluía também o cuidado emocional e moral dos seus alunos, com um vínculo maior com a inovação educacional e com uma intuição de que o trabalho no ensino requer a cooperação e o esforço compartilhado, mantinham um discurso ideológico que sintonizava melhor com a reforma iniciada. É lastimável que essa cumplicidade ideológica não viesse acompanhada, em determinados casos, de um maior reconhecimento das condições adequadas em que o exercício da docência deveria se desenvolver. Alguns professores que no início se envolveram com grande ilusão não teriam se decepcionado e muitos mais teriam se animado ao longo do processo.

Compreender as emoções

As emoções não só orientam de forma mais ou menos consciente a atividade dos professores. Elas devem ser conhecidas, compreendidas e interpretadas, porque nos indicam nossas metas e motivações, nossas esperanças e temores, nossa maneira de nos posicionarmos diante dos outros e diante dos acontecimentos. Servem como aviso sobre o que é bom ou ruim para nós e sobre o que gostamos ou desgostamos e, ao experimentarmos esses sentimentos, podemos tomar consciência – de maneira talvez não profunda nem completa, mas pelo menos reveladora – de como somos e do que queremos. Contudo, às vezes nos enganamos sobre o significado das nossas emoções e sobre o sentido das emoções dos outros, por isso precisamos estar atentos para a compreensão ajustada dos nossos sentimentos e dos sentimentos dos demais.

Existem muitos riscos de que compreendamos mal as emoções dos outros, dos nossos alunos, de seus pais e dos nossos colegas de trabalho. Talvez a razão disso seja a falta de sensibilidade diante de expressões emocionais e as dificuldades de comunicação sobre elas; ou, quem sabe, a razão está nas condições em que é preciso ensinar. O resultado é, em muitos casos, errar na interpretação das mensagens emocionais. Em algumas ocasiões, aponta Hargreaves (1998), os professores confundem a atividade descontrolada do aluno com hostilidade, a aceitação entediada com o comprometimento com o estudo, o silêncio respeitoso com resistência passiva. A mesma coisa ocorre com os estudantes, que consideram a exigência do professor como sinônimo de agressividade, o diálogo como expressão de insegurança e o mal-estar como uma vida frustrada.

A distância e a incompreensão emocional podem aumentar quando professores e alunos vêm de culturas diferentes. As vivências e expressões emocionais relacionadas com projetos vitais específicos, e muitas vezes desconhecidos para o professor, podem propiciar uma barreira profunda de incompreensão. Como vivem a escola e a aprendizagem; o que sentem diante dos professores e de seus colegas; e como expressam esses sentimentos os alunos chineses, os originários da região do Magreb ou os equatorianos, para citar apenas alguns dos grupos de alunos presentes nas escolas espanholas? Somente poderemos compreendê-los se nos aproximarmos de cada cultura com respeito e se permitirmos a expressão de seus sentimentos e o diálogo sobre eles.

Já assinalei, quase de passagem, que as condições da docência dificultam a expressão e a comunicação sobre as emoções. Acredito que é importante destacar isto: o número de alunos por turma, as reduzidas horas semanais com cada grupo de alunos, a ênfase no conhecimento e os programas excessivamente carregados não facilitam que os professores sintam disposição para conversar sobre suas vivências emocionais. Também é real e provável que, mesmo em situações mais favoráveis, não sentissem inclinação a fazer isso, dado o tradicional abandono da dimensão emocional na escola, sobretudo nas séries finais do ensino fundamental. Entretanto, a reserva de algum tempo semanal para esse diálogo e o aproveitamento de acontecimentos carregados de vivências emocionais podem ser ocasiões idôneas para que professores e alunos compartilhem a tarefa de conhecer-se mutuamente.

A CULTURA DAS EMOÇÕES

Cultura escolar e cultura emocional

As emoções dos professores são individuais, mas também coletivas, e é nessa tensão entre ambos os pólos que devemos encontrar seu significado. Existem, portanto, respostas emocionais compartilhadas pela maioria dos professores e que constituem um dos principais elementos da cultura escolar.

A maior parte dos estudos sobre cultura escolar aponta que as crenças, os valores, as expectativas, as rotinas e as práticas que são majoritárias em cada escola marcam os traços centrais da sua cultura. Em muitos deles, a dimensão emocional é esquecida, apesar de ser um dos fatores que explica a coesão ou a desagregação da equipe de professores e da comunidade educacional. A cultura de uma escola também se refere a um nível profundo de atitudes e relações mantidas pelos membros da comunidade educacional, especialmente os docentes. As expectativas e as frustrações, os compromissos e rivalidades, as tradições que são mantidas ou as que são esquecidas, as festas e as atividades que se realizam em comum são, todas, expressão das experiências emocionais compartilhadas.

A partir de outras perspectivas também se insiste nessa relação entre a dinâmica emocional que surge entre os membros da comunidade educacional e a cultura escolar. As relações de autoridade entre a equipe diretiva e os professores – e entre os professores, os alunos e os pais –

geram conflitos ou satisfações. Tudo isso reflete o mundo emocional que se respira no meio escolar. A cultura e o poder são componentes inseparáveis na vida da escola. Como afirma Lasky, as emoções e o poder também estão intimamente relacionados. Perdas e ganhos em poder e em *status* atuam como fontes poderosas de emoções positivas e negativas.

As culturas do ensino fundamental

As culturas escolares das escolas de educação infantil e séries iniciais do ensino fundamental e as das escolas de séries finais do ensino fundamental e do médio são diferentes e, portanto, também são diferentes suas culturas emocionais. O entorno das séries iniciais do ensino fundamental é mais familiar e os professores desse nível têm maior cuidado e preocupação com o que acontece com seus alunos. Os pais, por sua vez, sentem-se igualmente mais envolvidos com o desenvolvimento e as experiências de aprendizagem de seus filhos. Essas atitudes são facilitadas pelo tamanho das escolas, que são menores e com menos alunos.

A orientação da cultura nas séries finais do ensino fundamental e início do ensino médio é mais acadêmica e valoriza especialmente esse tipo de conquista dos alunos. O número de professores que estão em contato com os alunos é mais elevado, uma vez que cada professor está vinculado com sua disciplina específica, o que faz aumentar a diversidade de relações e de estilos de ensino. O aluno vive um ambiente menos protetor, mais massificado e mais exigente.

Essas diferenças culturais conduzem a experiências emocionais também diferenciadas? Um estudo de Hargreaves (2000) fez essa comparação e constatou a existência de traços próprios na cultura emocional de uns e outros professores. As emoções dos professores de educação infantil e das séries iniciais do ensino fundamental são mais intensas que as dos professores de níveis mais avançados, tanto as positivas quanto as negativas. Os professores de educação infantil e início do fundamental mantêm com seus alunos relações que são freqüentes, próximas e profundas, o que se traduz, algumas vezes, em uma forma de controle e de poder. Os das séries finais do fundamental e início do médio, pelo contrário, devem negociar de maneira mais aberta as normas e o comportamento de seus alunos.

Em geral, os professores evitam emoções na sala de aula, uma vez que consideram que elas constituem um perigo para o bom andamento do ensino. Tentam, por isso, estabelecer com seus alunos relações centradas na aprendizagem e consideram que o mundo dos afetos de seus alunos deve ser vivenciado e expressado fora da sala de aula. Esse distanciamento emocional se deve, em grande medida, ao estágio de desenvolvimento dos alunos, mas também ao fato de que as séries finais do ensino fundamental é organizado por disciplinas diferenciadas, fazendo com que cada professor deva se relacionar com vários grupos de alunos durante poucas horas por semana. Por sua vez, os alunos precisam estabelecer relações com muitos professores, o que reduz a possibilidade de manter relações intensas com eles.

As diferenças culturais e emocionais entre as etapas de ensino aconselham um período de transição entre uma etapa e outra. Por um lado, seria positivo que fossem apresentadas iniciativas organizativas para reduzir o número de professores que ministram aulas nos dois últimos anos do ensino fundamental. Por outro, especialmente nesses anos, seria necessário que houvesse um maior cuidado com a informação, a acolhida, a proximidade, o diálogo e o cuidado pessoal dos alunos. A reflexão dos professores sobre o clima emocional que deve orientar as relações com esses alunos seria muito benéfica para todos eles, sobretudo para aqueles mais imaturos, com mais necessidade de proteção ou com mais dificuldade para se organizar de maneira autônoma.

O valor da confiança

A cultura majoritária em uma escola gera determinadas emoções que contribuem para a coesão ou separação entre os professores e entre eles e seus alunos. De todas as experiências emocionais que podem ocorrer, existe uma que é especialmente importante para o trabalho dos docentes, para a manutenção da sua dedicação e para manter vivas suas ilusões: a confiança. A cultura da confiança ajuda os professores a colaborarem com os colegas, a expressarem seus sentimentos, a reclamarem ajuda quando necessário, a sentirem que estão seguros no trabalho, a se preocuparem, também, com a situação dos outros. A cultura da desconfiança, pelo contrário, separa os professores, bloqueia sua comunicação e sua expressão emocional, provoca distanciamento e suscetibilidade e impede o trabalho cooperativo e o esforço compartilhado. A confiança é imprescindível para a cooperação entre professores, mas também para as relações entre eles e seus alunos e com os pais. A confiança traz segurança, domínio, tranqüilidade e satisfação nas relações com os outros, porque quando existe confiança elas não são vistas como ameaça. Da mesma forma, expressa a auto-estima profissional e contribui com ela.

A confiança permite aos professores ter segurança nas ações que desenvolvem e enfrentar com mais força os riscos implícitos da profissão docente. A confiança reduz a ansiedade, permite um julgamento mais equilibrado e facilita a inovação. Contudo, existe uma crise de confiança na sociedade pós-moderna que provoca desconfiança nas relações interpessoais e nas próprias instituições (Troman, 2000). Uma desconfiança que se estende, também, à escola e aos atores que nela participam: administrações educacionais, professores, pais e alunos. A suspeita de que há falta de profissionalismo entre os professores está presente em muitas das relações que eles devem estabelecer e corrói a necessária confiança mútua. As críticas permanentes sobre o baixo nível educacional dos estudantes, sobre os problemas de convivência nas escolas e sobre as más condições do ensino disparam o sinal de alerta nos cidadãos e nas famílias e aumentam a sensação de desconfiança sobre o trabalho dos professores.

Da mesma maneira que a confiança da sociedade em seus professores constitui um fator crucial para seu bom desempenho profissional, a confiança básica dos docentes nas relações com os diferentes setores da comunidade educacional é garantia do bom funcionamento da escola. Nessa confiança está a referência emocional fundamental para assegurar o diálogo, o trabalho em comum, a inovação e a satisfação profissional. É necessário, por isso, que os responsáveis educacionais sejam capazes de gerar essa confiança em todas as escolas e que cada equipe diretiva destine suas melhores energias e habilidades para conseguir penetrar nas relações entre todos.

Confiança não significa uma aceitação cega dos comportamentos dos outros nem a imposição de normas para impedir que surjam divergências: está baseada no diálogo, na negociação e nas experiências de acordos cumpridos. O respeito e o reconhecimento do outro são imprescindíveis para o desenvolvimento de uma relação confiante e segura. É preciso acreditar na individualidade e na diferença dos outros e em que, apesar dessas diferenças, suas intenções conosco e com a instituição são positivas. É preciso reconhecer que essa atmosfera é mais viável com aqueles com quem compartilhamos valores e aspirações. Contudo, uma boa instituição é aquela que tem mostrado ser capaz de estender esse sentimento a todos os seus membros e de criar uma cultura de lealdade e confiança mútua. Nesse tipo de cultura, é muito mais fácil enfrentar os conflitos e as mudanças na educação.

A identificação com a escola é um dos fatores importantes para que ela tenha qualidade (Marchesi, 2004). O sentimento compartilhado de pertencer a ela contribui para que a comunidade educacional a valorize, sinta interesse em que funcione bem e se envolva em sua defesa. Dessa forma, vão sendo criados história, tradições e valores que comprometem a comunidade educacional e servem como estímulo para os alunos e professores atuais, além de conectá-los com os das gerações anteriores.

A IDENTIDADE PROFISSIONAL

Confiança e auto-estima estão intimamente relacionadas e ambas constituem o núcleo básico da identidade profissional (Hargreaves, 2003; Zembylas, 2005). A identidade profissional não pode ser entendida como algo que se adquire no momento em que se inicia uma determinada atividade de trabalho, mas como um longo processo de experiências vividas, de encontros com os outros e de reflexão sobre a própria prática, sobretudo em uma época em que as mudanças na educação são permanentes. Por essa razão, não há dúvida de que o sentido da identidade profissional deve adequar-se continuamente às novas condições sociais e educacionais.

A identidade profissional é composta por diferentes dimensões e relações que é necessário integrar: a experiência pessoal, o sentimento de pertencimento a uma comunidade, a trajetória de aprendizagem e os diversos pertencimentos a grupos diferenciados (Wenger, 1998). A identidade profissional dos professores não pode ser reduzida somente às suas experiências de trabalho, nem às relações com seus colegas. Ela se constrói a partir das suas diversas experiências em diferentes contextos e com diversos atores, a partir do significado que uns e outros atribuem a essas experiências e a partir da forma como os professores interiorizam e compartilham esses significados ao longo da sua vida profissional.

Grande parte da identidade profissional depende da valorização social percebida. O sentimento de perda da estima e do reconhecimento social corrói as bases da identidade profissional e reduz os vínculos entre os membros da profissão e seu senso de pertencimento a ela. Quando os objetivos da atividade docente se tornam difusos, ocorre o mesmo ao mesmo tempo, com seus sinais de identidade. Quando se destacam, por vezes, os conflitos e as carências da educação escolar, envia-se uma mensagem de desconfiança sobre a competência dos professores e sobre a eficácia da sua ação. Em ambos os casos, infelizmente cada vez mais presentes, ocorre uma perda progressiva da identidade dos professores e existe uma probabilidade maior de que estejam insatisfeitos com eles mesmos e com o trabalho que devem realizar. A perda da auto-estima provoca, também, a perda da sua identidade e leva, inevitavelmente, à insatisfação e ao mal-estar emocional.

Kelchtermans (1996) escreveu um instigante artigo sobre a vulnerabilidade dos docentes que é interessante comentar neste momento.

Muitos professores, afirma, experimentam sentimentos de vulnerabilidade e indefensibilidade em seu trabalho, os quais têm sua origem em três causas principais: os limites que encontram no efeito do que ensinam na aprendizagem dos seus alunos, as relações com o diretor, com os colegas e com os pais e, finalmente, as decisões de política educacional que provocam incerteza e são vivenciadas como incorretas. Nesses casos, conclui o estudo a partir das narrações biográficas dos professores, a vulnerabilidade envolve o sentimento de que a identidade profissional e a integridade moral dos docentes estão sendo questionadas. O significado profundo da vulnerabilidade para eles tem suas raízes no âmbito da política e da moral.

A construção da identidade profissional também depende da cultura escolar em que o professor desenvolve seu trabalho. Uma escola formadora da identidade profissional dos seus membros é aquela que se preocupa que exista um projeto compartilhado, que se interessa pelas demandas profissionais dos seus professores, que protege a escola e que cuida para que todos os membros da comunidade educacional, atuais ou antigos alunos, se mantenham vinculados a ela.[3]

O BEM-ESTAR EMOCIONAL DOS PROFESSORES

Se o trabalho dos professores está repleto de emoções e se elas desempenham um papel determinante na satisfação profissional dos docentes, é necessário preocupar-se com seu bem-estar emocional. Não é, portanto, uma responsabilidade acidental ou passageira, nem uma idéia dos psicólogos ou de pessoas que são sensíveis à dimensão afetiva da existência. É uma necessidade proveniente do próprio sentido da atividade docente e da constatação de que, em grande medida, a força da educação reside no encontro, na comunicação, na cumplicidade, nos projetos compartilhados, na sensibilidade, nos objetivos alcançados e na preocupação com os outros. É difícil vivenciar esses vínculos e emoções – experiências que levam à ação, mas que são, ao mesmo tempo, resultado da própria atividade profissional – sem que simultaneamente o professor perceba a si mesmo satisfeito, vivo e, apesar dos inúmeros vendavais emocionais aos que está sujeito, em um razoável equilíbrio emocional. O bem-estar emocional é uma condição necessária para a boa prática educativa. É preciso sentir-se bem para educar bem, ainda que sem esquecer que o bem-estar emocional deve vir acompanhado do saber e da responsabilidade moral, para que a atividade docente atinja sua maturidade.

Nesse âmbito, a responsabilidade deve ser compartilhada pelas administrações educacionais e pelos próprios docentes (Marchesi, 2004). As administrações educacionais devem ser conscientes de que o desenvolvimento profissional dos professores e a qualidade do ensino dependem, em grande medida, de que os professores se sintam compreendidos, valorizados e apoiados e precisam destinar os meios para atingir esse objetivo. Os professores, por sua vez, devem reconhecer que o acerto na sua atividade profissional e sua satisfação com o trabalho dependem fortemente do seu equilíbrio emocional, razão pela qual precisam estar atentos ao seu cuidado.

A preocupação da administração educacional

Favorecer o desenvolvimento profissional dos professores

Grande parte do equilíbrio emocional dos professores depende das condições de trabalho. Já toquei nesse tema nas páginas anteriores e só me resta ampliar um pouco mais o que já foi dito sobre essa relação. As experiências emocionais dos docentes estão estreitamente vinculadas à sua competência profissional, que se manifesta no preparo para ensinar e na habilidade para manter relações positivas com os alunos e com os colegas e para enfrentar, sem grande ansiedade, as mudanças educacionais. Convém lembrar que a participação em projetos de inovação também representa um estímulo para os professores, além de ser um modo de favorecer o encontro e a cooperação entre eles, o que contribui para melhorar seu método de ensino e para que se sintam mais seguros em sua atividade profissional. Quando a administração educacional se preocupa com que os professores tenham oportunidades de formação e apóia os projetos de inovação de grupos de docentes, a probabilidade de que se sintam mais satisfeitos aumenta.

Entretanto, a formação e as atividades de inovação dos professores são apenas uma parte da solução dos problemas. A outra são os recursos disponíveis e as condições em que devem realizar seu trabalho. Dificuldades maiores para ensinar normalmente geram mais ansiedade, tensão e mal-estar nos professores, o que deve ser compreendido pela administração, que precisa ser sensível a esses problemas e oferecer soluções específicas, viáveis, atraentes e negociadas. Por isso, nas escolas em que as dificuldades aumentam, como conseqüência do contexto sociocultural em que estão localizadas, ou pelas características de seus alunos, os professores deveriam dispor de meios, tempo e condições mais vantajosas que os demais. Essa colocação vai de encontro à tendência geral das administrações educacionais de tratar todas as escolas de maneira similar e só diferenciá-las pela concessão de alguma vaga para professor de apoio. Trata-se de uma resposta claramente insuficiente. Determinadas escolas precisam ter menos alunos em suas salas de aula, necessitam que os professores tenham menos horas-aula para poder dedicar seu tempo a outras atividades, que existam mais recursos para a biblioteca ou para as novas tecnologias e que haja um acordo entre a administração e os professores para manter a estabilidade do corpo docente e dos funcionários e os incentivos profissionais.

Essas iniciativas deveriam se enquadrar no marco de um projeto integrado de desenvolvimento profissional dos docentes ao longo de sua carreira docente. Trata-se de valorizar o trabalho bem feito e de animar e apoiar a inovação, o trabalho em equipe e o esforço pessoal e coletivo. O objetivo não é somente oferecer alguns incentivos para determinadas práticas ou atividades educacionais. A proposta deve ser mais ambiciosa e teria que incluir o reconhecimento do trabalho docente que se realiza com rigor ao longo do tempo, a manifestação pública dessa valorização e a aceitação coletiva de que o trabalho dos professores será considerado para fortalecer o funcionamento do sistema educacional e, especialmente, para ajudar os novos profissionais. O estabelecimento de uma carreira profissional reforça a identidade dos seus membros, abre perspectivas, estimula o esforço e contribui para a valorização pessoal e para o aumento da valorização social.

Reforçar a identidade profissional dos docentes

O sentimento de pertencimento a um grupo contribui para a autoestima e o equilíbrio pessoal. Ao contrário, o sentimento de isolamento e de ausência de referências sociais provoca insegurança e falta de confiança. As administrações educacionais deveriam ser conscientes da importância de os professores se sentirem orgulhosos de fazerem parte da profissão docente. Não é uma tarefa simples, se levamos em conta que a maioria dos professores considera que nem a sociedade nem a própria administração educacional dão a eles o devido valor. É possível, ainda, que alguns professores tenham interiorizado esse descrédito social e praticamente não se valorizem profissionalmente.

A tarefa de reforçar a identidade profissional dos docentes levaria as administrações educacionais a apoiar as diferentes formas de representação coletiva dos professores. Entre elas, além dos sindicatos e das associações profissionais, poderia ter seu lugar um Conselho Geral dos Docentes,[4] que servisse para favorecer a coesão profissional e que se transformasse, em todas as etapas da vida profissional dos professores, em uma instituição defensora do prestígio da profissão perante o conjunto da sociedade. Dentre suas funções, poderia incluir-se o estabelecimento de critérios, expectativas e requerimentos para a formação permanente, a colaboração com o Ministério da Educação e com as administrações educacionais para a elaboração de políticas de promoção do professorado e a definição de orientações para a prática educacional e a ética profissional.

O cuidado pessoal do bem-estar emocional e profissional

Ser competente na ação educativa

Fazer um bom trabalho na sala de aula é a primeira condição para garantir o equilíbrio emocional dos professores. Um professor que ministra bem suas aulas, que administra com habilidade os conflitos que ocorrem em sua turma e que, a cada ano, incorpora algumas mudanças metodológicas em sua atividade docente geralmente é avaliado de maneira positiva por seus alunos e por seus colegas. O reconhecimento profissional oferece uma base sólida para a auto-estima, para viver um conjunto de emoções positivas – algumas com os alunos, outras com os colegas – e para enfrentar com segurança as outras, negativas.

O domínio das competências profissionais exige uma atualização permanente, o que faz com que os grupos de trabalho, as atividades de formação, as leituras e a participação em projetos de inovação sejam elementos que contribuem para reforçá-las e para melhorar a confiança e a segurança dos professores em suas possibilidades profissionais. Convém destacar a importância dos projetos de inovação, que não só ajudam a atualizar os conhecimentos e a maneira de ensinar dos professores, mas também favorecem o encontro entre os docentes, o interesse por determinados temas e a manutenção do dinamismo pessoal e profissional.

Manter colegas e amigos para compartilhar e inovar

As relações com colegas, que às vezes também são amigos, constituem uma estrutura protetora que nos ajuda, muitas vezes de forma decisiva, a manter a estabilidade emocional e o bom ânimo na profissão. Com eles compartilhamos iniciativas, projetos, problemas, frustrações e satisfações. Eles entendem nossa situação e nos oferecem não só alternativas, mas sobretudo sua compreensão e seu apoio afetivo. Todavia, é necessário estar atento para evitar que essas relações se afastem da dinâmica geral da escola e do contato com o resto dos colegas, ou que se transformem em grupos de pressão que possam distorcer o funcionamento da escola.

Em muitas ocasiões, essas relações são estabelecidas no trabalho em equipe ou em projetos de inovação. Às vezes, com colegas da mesma escola; outras, com colegas que encontramos ao longo da vida profissional e com os quais temos afinidades e simpatizamos. É interessante analisar como encontramos nossos amigos, como fazemos para mantê-los e, inclusive, como chegamos a perdê-los. Dessa forma, podemos adentrar um pouco mais a complicada engrenagem em que se desenvolve nossa vida dentro do trabalho e fora dele, seus ajustes e seus desajustes e os mecanismos que temos utilizado para encontrar, ou não encontrar, um equilíbrio satisfatório.

Não é simples, contudo, manter grupos de trabalho ou de reflexão que facilitem a troca de opiniões e contribuam para o bem-estar emocional dos participantes. Os professores – talvez isto ocorra em todas as profissões – tendem a ser individualistas na sua atividade e têm receio em compartilhar desejos e frustrações. As reuniões programadas geralmente não contribuem para manter o ânimo. Às vezes, provocam mais tensões do que resolvem, o que faz com que a aspiração de não poucos professores seja a de que estas reuniões passem inadvertidas. Mas a troca de experiências com alguns colegas e a sensação de apoio mútuo são necessárias para manter viva a ilusão no trabalho ou para recuperá-la. Quando os encontros ocorrem em torno de um projeto determinado, os professores melhoram sua competência profissional, começam a perceber novas possibilidades e sentem-se mais seguros em seu trabalho. Nesse processo de comunicação, vão sendo criados vínculos pessoais e um sentimento de confiança mútua que anima a atualizar e compartilhar o sentido da atividade educadora que cada um mantém.

Ter um distanciamento suficiente e assumir os compromissos com paixão

Talvez essa frase soe um tanto contraditória, mas resume bem a mensagem que pretendo transmitir. É preciso, por um lado, que realizemos nossa atividade com suficiente distância profissional, para mantermos o equilíbrio emocional e não nos esgotarmos no empenho imediato. Mas também é necessário, ao mesmo tempo, viver com dedicação e entusiasmo o trabalho em que estamos envolvidos. Para isso, precisamos perguntar continuamente a nós mesmos para que e por que educamos e buscar com afinco uma resposta que nos ajude a manter nosso compromisso com a educação.

Os professores precisam garantir um saudável distanciamento dos problemas e das tensões emocionais que se vive em toda a atividade educacional. É necessário manter, por um lado, uma distância profissional ótima com alunos, pais e colegas. Valorizar com moderação, distribuir com equanimidade as responsabilidades, integrar e não enfrentar, envolver-se seguindo critérios profissionais, apreciar os demais e agir com senso de justiça são atitudes que ajudam a cuidar da saúde emocional. Não basta, contudo, esse tipo de comportamento, sujeito, por outro lado, a pressões contínuas. É preciso, igualmente, dedicar-se a outros temas, afastar-se do mundo emocional da educação, que algumas vezes pode ser opressivo. A família, o lazer, o esporte, a arte ou a leitura são atividades que ajudam a relativizar as tensões profissionais e contribuem para a tranqüilidade emocional e para o reencontro consigo mesmo.

Mas junto com o distanciamento é preciso reforçar o comprometimento profissional, o que também é uma garantia de estabilidade emocional. A dedicação apaixonada à atividade docente amplia as experiências emocionais positivas dos professores. Esse tipo de dedicação geralmente tem suas raízes no substrato moral que configura a profissão. Emoção e compromisso, vida afetiva e atitude ética, estão, portanto, profundamente relacionados. Os valores assumidos e vivenciados geram emoções positivas e ajudam poderosamente a enfrentar a adversidade e os conflitos; por sua vez, a emoção orientada para uma meta, a paixão intencional, mantém e reforça o compromisso e a ação. Já mencionei a tese de que a vulnerabilidade dos professores tem raízes políticas e morais. Razão, emoção e compromisso ético caminham juntos, e é necessário ter a capacidade de aproveitar suas dinâmicas convergentes.

NOTAS

1. Um excelente manual sobre as emoções é o de Luis Aguado (2005).
2. O livro de M. Soler (1999) é um exemplo representativo dessas propostas.
3. Sergiovanni (2003) refere-se a essas escolas como escolas com *caráter*.
4. Formulei pela vez primeira essa proposta no livro *Controversias en la educación española*, no ano de 2000. Continuo pensando que a idéia é acertada, apesar de que não deve ser tanto, uma vez que praticamente não tem sido levada em conta.

5

A RESPONSABILIDADE PROFISSIONAL E MORAL DOS PROFESSORES

UMA PROFISSÃO MORAL

Ao pensar sobre o sentido da educação, sempre vem à minha mente o texto do livro de José Saramago *O ano da morte de Ricardo Reis*, quando o protagonista chega de barco em Lisboa e dispõe-se a pegar um táxi:

> O táxi arranca, o condutor quer que lhe digam Para onde, e essa pergunta tão simples, tão natural, tão adequada ao lugar e circunstância, pega o viajante desprevenido [...] talvez porque lhe fizeram uma das perguntas fatais, Para onde, a outra, pior, seria, Para que.

A ação educadora não é simplesmente uma atividade técnica, que pode se repetir uma e outra vez, praticamente sem se refletir, nem uma ação desprovida de comunicação e de contato social. Exige, pelo contrário, uma estreita e confiada relação pessoal entre o professor e os alunos, a qual não pode se desenvolver de forma satisfatória sem a consciência por parte dos docentes dos objetivos que se pretende alcançar. Não se pode esquecer que o ensino supõe uma interação positiva entre um professor e um grupo de alunos, que não é nem voluntária nem livremente escolhida, como poderia ser a relação que se estabelece entre um grupo de amigos. O mérito da atividade docente é que essa relação imposta, expressão das obrigações dos professores e dos alunos, pode transformar-se em uma relação construtiva, na qual a competência, a confiança, o afeto e o respeito mútuo sejam os elementos constitutivos. Mas, por outro lado, essa relação deverá ser mantida com os mesmos alunos apenas durante um certo tempo, pelo menos com a intensidade requerida para o exercício direto do ensino – entre o fim das séries iniciais e o início das séries finais do ensino fundamental. Portanto, os professores devem ser capazes de renovar, ano após ano, sua dedicação e seu envolvimento pessoal para destiná-los a novos grupos de alunos. Uma relação que não deve ser vivenciada manifestando-se preferência por uns em detrimento de outros, mas que precisa abranger todos os alunos que fazem parte do grupo, os espertos e os menos espertos, os tranqüilos e os que provocam conflitos, os interessados e os desinteressados, os que colaboram e manifestam apreço e aqueles que são distantes. Tudo isso como se o grupo fosse o primeiro na vida do professor, porque para os alunos ele é seu mestre nesse ano letivo determinado, um ano letivo que para eles terá uma enorme influência em sua vida, como todos têm até bem avançada a adolescência.

Manter essa atitude ao longo dos anos é uma tarefa complicada, que causa grande desgaste pessoal pelo envolvimento vital que exige, pelas características das relações que estabelece e pelas funções que desenvolve. É preciso considerar, além disso, a forma como os professores percebem, ano após ano, que enquanto eles avançam na vida seus alunos retornam, cada ano letivo, à idade inicial. Mas os alunos não são apenas mais jovens do que ele a cada ano que passa, senão que são diferentes. Não é uma diferença perceptível ano após ano, aliás se manifesta de década em década, quando o professor se sente afastado das inquietações, da linguagem, das diversões e da forma de vida das novas gerações e, inclusive, da forma de vida de suas famílias. As dinâmicas vitais dos professores e de seus alunos transcorrem por caminhos divergentes: enquanto os primeiros acumulam experiência, maturidade, reflexão e um certo cansaço, os segundos refletem as características da sociedade emergente, da qual o professor, em muitos aspectos, já não se sente partícipe.

Essas reflexões nos levam a novamente perguntarmos qual é a razão de tantos professores conseguirem manter o bom ânimo e a dedicação contínua, apesar do desgaste que esse esforço pessoal significa. E a razão principal, do meu ponto de vista, não está tanto nas gratificações de todo tipo que podem ser obtidas no ensino – quem já não se sentiu satisfeito pelo esforço de um aluno, por suas palavras agradecidas depois de passados os anos, pela constatação de seus progressos –, mas na intuição, às vezes meditada e consciente, de que ensinar os outros é uma tarefa que vale a pena. Tarefa que estabelece uma ligação com o que há de mais nobre no ser humano e situa-nos, os professores, no lugar adequado para promover o bem-estar das novas gerações. De alguma maneira, essa intuição desvela o que já havíamos comentado anteriormente: o caráter moral da profissão docente e a necessidade de descobrir seu valor e seu sentido para exercê-la com rigor e vivenciá-la com satisfação.

A consideração do trabalho docente como uma profissão moral adquire, a partir dessa perspectiva, toda a sua força motivadora e permite compreender como o esquecimento ou a falta de cuidado com essa dimensão conduz à "desmoralização" dos docentes. Destaquei isso no capítulo anterior e reitero agora: a moralidade finca suas raízes na experiência afetiva das pessoas, ou seja, não é possível separar radicalmente a dimensão cognitiva da dimensão emocional na atividade moral e, portanto, na atividade educativa. Se a profissão docente é uma profissão moral, é preciso manter nela, de forma equilibrada, os princípios racionais que sustentam um comportamento ético e os sentimentos e emoções que dão a eles a sensibilidade necessária para compreender os outros em seu contexto específico.

A partir desse enfoque, os sentimentos e os afetos não devem ser valorizados como fonte de erro, os quais a inteligência deve enfrentar para evitar a irracionalidade nos julgamentos e a falta de objetividade nas decisões, senão como um componente necessário que deve ser educado e levado em conta. Em conseqüência, a sabedoria moral não é só questão de ter um raciocínio moral acertado, mas inclui, também, uma dimensão afetiva, na qual a empatia, a sensibilidade e o cuidado com os outros são os elementos constitutivos. Mas sobre quais virtudes deve se apoiar essa sabedoria moral dos professores? Quais devem ser suas principais referências? Quem nos diz ou – se ninguém tem autoridade moral para nos dizer – como descobrimos quais são os valores que os professores devem cultivar e promover junto aos seus alunos?

A PERSONALIDADE MORAL DOS PROFESSORES

As perguntas que acabamos de fazer nos levam diretamente para o campo da ética e da moral e nos situam no coração da atividade docente. Devemos nos perguntar por quais caminhos seria positivo que seguisse o comportamento do professor e como podem se integrar, em sua vida profissional, os dois aspectos principais que conformam a dimensão ética e moral da existência humana: o plano do cuidado de si mesmo, da felicidade, da vida com qualidade, assuntos dos quais tem se ocupado boa parte da reflexão ética desde Aristóteles, e o plano da preocupação pelos outros, do dever moral, da justiça e da responsabilidade, temas também presentes no discurso moral, sobretudo na tradição judaico-cristã.[1]

Sinto-me cômodo com a abordagem teórica que Puig e Martín (1998) fazem quando escolhem o modelo da personalidade moral como alternativa para dois modelos confrontados: o baseado na transmissão de valores absolutos, que limita drasticamente a autonomia moral, e o que se orienta por uma concepção relativista dos valores, que considera opções pessoais, que supõe uma positiva recuperação da consciência autônoma, mas sobre os quais é muito difícil chegar a algum tipo de acordo. Para Puig e Martín, a moral não vem de fora, nem tampouco se descobre, senão se constrói por meio do diálogo consigo mesmo e com os demais.[2] A partir dessa perspectiva, desenvolvem sua proposta de educação moral na escola, na qual tentam reconciliar o objetivo de que os alunos vivam de modo justo e solidário com o objetivo de que tenham uma existência feliz.

Mas nesse momento não se trata de voltar, mais uma vez, a discutir sobre como colocar a educação moral no funcionamento da escola, nem a debater a missão dos professores nas suas turmas, algo que já foi desenvolvido no Capítulo 3; trata-se de adentrarmos a personalidade moral dos professores como suporte do significado último e definitivo do seu desempenho profissional. Trata-se agora, portanto, de mudar o foco e de orientá-lo não para os alunos, mas para os professores; não para os objetivos educacionais, mas para a fundamentação que eles devem ter no discurso e na ação dos docentes. Para essa tarefa, as reflexões sobre a personalidade moral também são imensamente úteis.

A personalidade moral se constitui em torno de quatro dimensões principais: os julgamentos ou o discurso moral, os sentimentos morais, as virtudes e a ação moral e, finalmente, o sentido da vida moral. Os três primeiros constituem os eixos básicos da personalidade moral.[3] O último adentra a reflexão sobre a própria ética em uma espécie de *metaética*, na qual o indivíduo não só tenta ser justo consigo mesmo e com os outros, mas também se pergunta sobre as razões que o impulsionam a viver e agir dessa maneira.

Os professores devem ter uma permanente atitude de julgamento das ações e comportamentos de si próprios e dos outros, dos colegas e dos alunos, dos fatos educativos na sua escola e fora dela e dos fatos, das situações e dos conflitos sociais. Os valores, como afirma Thiebaut (2004), não são entidades objetivas que é preciso transmitir, nem predisposições das pessoas às quais devemos educar, mas, sim, processos de julgamento que regulam nosso comportamento: eles são parâmetros de julgamento das ações. Os professores devem, então, ter a capacidade de fazer julgamentos de maneira acertada, mas flexível, dada a pluralidade de condutas que continuamente aparecem diante de nossos olhos. Têm que observar, dialogar, compreender e julgar para que neste processo de tomada de consciência pessoal e coletiva possamos ir formando alguns critérios de valor compartilhados.

O julgamento moral não pode ser somente uma ação intelectual e nem a aplicação rígida de regras estabelecidas, mas exige que sejam considerados o contexto e as condições em que ocorreu o comportamento que será julgado. Por isso, o julgamento moral tem que ser moldado pela sensibilidade pelos outros e pela compreensão dos outros, como já apontamos anteriormente. A personalidade moral não é somente um ato da razão, mas envolve, também, um conjunto de sentimentos e afetos que nos permitem reagir aos comportamentos moralmente valiosos ou repudiáveis: admiração, comprometimento, indignação, vergonha, culpa, compaixão. Nessa sensibilidade moral, encontra-se uma das dimensões básicas da personalidade moral. Os professores devem dedicar-se a aperfeiçoá-la, tanto para eles próprios como para conseguir que seus alunos, pela via do exemplo, do afeto ou do diálogo, desenvolvam também essa necessária sensibilidade.

A partir do julgamento e dos afetos, adentramos na terceira dimensão da personalidade moral: o âmbito da ação. A atividade que leva a uma vida que vale a pena ser vivida, para si e para os outros, foi denominada "virtude" pelos filósofos gregos. Apesar de o termo virtude, em certas ocasiões, ser associado a uma educação antiga e tradicional, vale a pena recuperar seu significado original: coragem, valentia, caráter, hábito valioso que conduz à excelência da pessoa, à felicidade. Devemos ser virtuosos em nosso agir docente, da mesma maneira que devemos favorecer que nossos alunos sejam também.

Existem muitos tipos de virtudes e não é possível fazer uma descrição de todos eles. Mais reduzidas são aquelas que os gregos consideraram como nucleares ou cardinais: prudência, justiça, fortaleza e temperança. Contudo, sendo coerente com a tripla dimensão com que já descrevi a personalidade moral, penso que podem ser destacadas três virtudes que são especialmente importantes na profissão docente e que refletem, respectivamente, a importância do julgamento, dos sentimentos e da ação: a justiça, a compaixão e a responsabilidade[4]. Nas seções seguintes, vou me deter brevemente em cada uma delas e deixar para o final o comentário sobre a última das dimensões da personalidade moral: a busca do sentido da vida moral.

A EQÜIDADE NA AÇÃO DOS PROFESSORES

Afortunadamente, a questão da eqüidade na educação tem estado no centro dos debates sobre educação (Hutmacher, Cochrane e Bottani, 2001; European Group of Research on Equity of the Educational Systems, 2003), ou seja: um breve comentário sobre esses enfoques pode servir como introdução para a reflexão sobre a justiça no trabalho dos professores.

Ninguém questiona que a educação é um dos bens mais valiosos a que tem direito o ser humano e que sua justa distribuição não pode ser deixada à mercê da boa vontade ou da confluência de circunstâncias favoráveis. Não obstante, a importância do tema é proporcional à dificuldade que apresenta defini-lo e de levá-lo ao plano concreto em ações eficazes.

A maioria dos estudos sobre eqüidade têm sido dirigidos a orientar as políticas educacionais para que estejam mais de acordo com os princípios da justiça. O projeto desenvolvido para estabelecer um conjunto de indicadores de eqüidade nos sistemas educacionais europeus caminha nessa direção. Seus destinatários são, habitualmente, os responsáveis políticos e os administradores da educação, que utilizam as reflexões teóricas, os dados, as comparações e as propostas apresentadas para compreender melhor seu sistema educacional e para elaborar as políticas que consideram mais coerentes com sua ideologia. Quero sublinhar nesta última frase a referência à ideologia. As concepções sobre eqüidade na educação estão em função da concepção do homem e da sociedade que cada um tem e, portanto, existem opções contrapostas: umas estão mais próximas do pólo liberal e outras do pólo social.

Na maioria dos estudos, é citada a proposta de Grissay (1984) sobre os princípios de igualdade no âmbito educacional. Nela são discriminados vários níveis de eqüidade: igualdade de oportunidades, igualdade de acesso, igualdade de tratamento educacional e igualdade de resultados. Na base dessa proposta estão a crítica profunda ao modelo meritocrático e a aceitação do princípio de compensação. O texto de Rawls (1971, p. 17), apresentado a seguir, expressa essa colocação.

> Para tratar todas as pessoas de forma igualitária, para proporcionar uma genuína igualdade de oportunidades, a sociedade deve prestar mais atenção àqueles que possuem menos bens naturais e àqueles que nasceram em posições menos favoráveis. A idéia é compensar o viés de contingência em direção à igualdade. Na busca deste princípio, maiores recursos devem ser dedicados à educação dos menos dotados e não dos mais inteligentes, pelo menos durante um certo tempo da vida, por exemplo nos primeiros anos de escolarização.

É nesse contexto que deve estar situada a análise sobre o que podem fazer os professores para agir de maneira justa, à margem do que os responsáveis políticos pela gestão educacional tenham decidido. É verdade que as políticas públicas que trabalham em favor de uma educação eqüitativa de forma continuada contribuem para que os professores atuem nessa mesma direção e, portanto, não é correto separar de modo taxativo a atividade dos políticos e as possibilidades dos professores. Mas, no âmbito do funcionamento das escolas e, mais ainda, no trabalho nas salas de aula em que cada professor ministra sua docência, seu comportamento mais ou menos justo depende sobretudo de si mesmo e praticamente não cabem desculpas para negar a própria responsabilidade.

Agora, em que âmbito se manifesta o senso de justiça dos professores? Que tipos de experiências e relações promovidas nas escolas se correspondem melhor com os princípios gerais de justiça? Mais uma vez, não é simples responder a essas perguntas, porque não há uma interpretação unívoca do significado da eqüidade no funcionamento da escola e nas relações entre os diversos membros da comunidade educacional, especialmente nas relações entre professores e alunos. Contudo, é necessário adentrar-se nesse tema e tentar concretizar os princípios geralmente aceitos sobre a justiça em alguns âmbitos da ação educativa. Escolhi os seguintes, que me parecem ser os mais representativos: as decisões autônomas que a escola adota em seu funcionamento, o apoio especial aos alunos menos favorecidos, o estilo de relação que se estabelece entre professores e alunos e a eqüidade nas decisões sobre avaliação.

As decisões autônomas da escola

Algumas decisões das escolas estão especialmente relacionadas com a eqüidade. A aplicação dos critérios de admissão de alunos, a organização das turmas e sua distribuição em cada uma delas, a elaboração das normas gerais de convivência e das sanções correspondentes e dos critérios de promoção de um ano letivo para outro não são questões neutras, sobre as quais é suficiente aplicar determinadas orientações pedagógicas, senão têm, além disso, um forte componente valorativo. As escolas não agem da mesma maneira nem utilizam os mesmos critérios, o que faz com que suas decisões sejam mais próximas ou se afastem, em maior ou menor medida, dos juízos majoritários sobre o que é justo ou injusto.

É necessário destacar que esse tipo de decisão não afeta igualmente todos os professores. Em algumas escolas, somente os titulares ou proprietários do estabelecimento de ensino tomam essas decisões e os professores praticamente não podem participar. Em outros, é principalmente a equipe diretiva que estabelece as orientações básicas. Em mais alguns, finalmente, as decisões são adotadas pela maioria dos professores. Em muitos casos, segundo opinião de alguns dos professores consultados, praticamente não são considerados quaisquer critérios morais para a adoção desse tipo de decisão, sendo utilizados, quase exclusivamente, critérios pedagógicos ou técnicos, nos quais o principal sentido da reflexão é criar ambientes escolares que facilitem o ensino dos professores e que permitam aos alunos interessados progredir em suas aprendizagens.

Algumas vezes, há uma estreita correspondência entre os critérios de justiça e as razões pedagógicas. Um bom exemplo disso é a decisão de organizar os grupos de alunos com competências acadêmicas heterogêneas para evitar que os melhores e os piores alunos se concentrem em turmas separadas. Não obstante, em muitas outras situações, ocorre um conflito entre a razão moral e a razão pedagógica: a integração de alunos com alguma incapacidade e a incorporação de alunos imigrantes são exemplos atuais dessa tensão entre dois princípios que, em teoria, estão equilibrados, mas que na prática são, às vezes, vivenciados como contrapostos. Muitas escolas, muitos professores e muitas famílias percebem a integração mais como uma ameaça para o bom funcionamento da escola do que como o cumprimento de certos princípios de eqüidade que abrem uma possibilidade de enriquecimento e inovação. São inúmeros os exemplos em que esse conflito, ou esse dilema, surge nas decisões das escolas; na maioria deles, está latente o temor de que determinadas opções que são consideradas idealmente justas possam gerar conflitos que dificultem ou estorvem o trabalho dos professores e o funcionamento da escola.

O que dizer diante desses conflitos? Sempre deve primar a razão moral sobre a razão pedagógica, ou deve ser o contrário? Parece que, em um capítulo no qual se defende o sentido moral da profissão docente, a primeira alternativa deve ter primazia sobre qualquer outra consideração. Não acredito que sempre tenha que ser assim, o que é coerente com a concepção da razão prática à qual já se fez referência nas páginas anteriores. Vamos lembrar esse princípio vendo alguns exemplos.

A sabedoria moral é algo mais do que a aplicação estrita das normas e valores acordados e estabelecidos. Pressupõe a avaliação do contexto, a sensibilidade com respeito aos diversos atores afetados pela decisão e o trabalho de levar em consideração o conjunto de objetivos que devem ser desenvolvidos e aqueles que podem afetar a decisão adotada. A partir dessa perspectiva, e seguindo com o exemplo anterior, a integração de alunos com necessidades educacionais especiais ou de imigrantes em uma escola é justa e positiva até certo limite. Ultrapassando ele, e existindo outras escolas próximas que ainda não assumiram seu compromisso, a decisão deixa de ser eqüitativa. A razão dessa falta de eqüidade é que a distribuição dos alunos com dificuldades entre várias escolas permite atendê-los melhor e conseguir, como depois comentaremos, que a qualidade do ensino para todos e cada um deles seja mais elevada.

Há muitos outros exemplos em que essa contradição aparece: manter junto com seus colegas um aluno propenso a causar conflitos na turma é positivo, mas deixa de ser quando sua conduta interfere de maneira grave nos direitos dos demais; a tolerância com as diversas crenças dos alunos deve ser mantida até que alguma delas adote posições excludentes com respeito às outras; além do mais, a justa educação comum dos alunos pode ser limitada, para que algum deles se incorpore a um programa específico que dê melhores garantias para o progresso de suas aprendizagens. A dificuldade, em todos os casos, é aplicar de forma equilibrada essa sabedoria prática para encontrar alternativas para a possível colisão de direitos reconhecidos, sem que nenhum deles seja esquecido nem preterido.

Até agora mencionei as decisões que são adotadas na escola e que se referem à sua organização e funcionamento. Mas algumas delas, sobretudo as que guardam relação com as normas e com as sanções, são aplicadas, depois, por cada um dos docentes. Quando isso ocorre, a personalidade dos diferentes professores manifesta-se com maior nitidez. Alguns são rígidos; outros, benevolentes; outros mais optam pelo diálogo; outros, ainda, são distantes. Há quem aplique normas e sanções sem pesar as intenções nem seus efeitos no aluno transgressor e no conjunto dos estudantes. Outros, contudo, sempre consideram a situação do aluno e as conseqüências da sanção e procuram, em qualquer evento, aquela que sirva para ajudá-lo e não para prejudicá-lo. A justa aplicação de normas e sanções exige, portanto, a suficiente força de caráter para manifestar equanimidade e controle e transmitir, dessa forma, uma mensagem de restituição do dano provocado e não de vingança. Mais uma vez, a justiça é exercida com acerto pela mão dos sentimentos e dos afetos equilibrados.

O apoio especial aos alunos menos favorecidos

Há muitos tipos de alunos menos favorecidos ou com risco de entrar para essa categoria: aqueles que procedem de meios sociais pouco estimulantes, os imigrantes que não se adaptaram à nova cultura, os alunos com alguma deficiência, os que estão isolados ou marginalizados, os que estão desprotegidos como conseqüência de uma situação familiar complicada, os que viveram uma história escolar desafortunada. Existem, portanto, razões sociais, culturais, familiares e pessoais que determinam a situação de vulnerabilidade de um determinado aluno. São eles que correm os maiores riscos de manifestar problemas na escola, de não atingir as aprendizagens necessárias, de abandonar os estudos sem ter completado o nível básico exigido.

A preocupação especial pelos alunos com maiores dificuldades na escola, a comunicação de expectativas positivas, a proteção da sua auto-estima e dos seus valores pessoais e culturais e o apoio à sua integração social refletem o compromisso ativo dos professores de cuidar, de maneira completa e continuada, daqueles alunos que correm maiores riscos na escola. A compensação das desigualdades não é responsabilidade apenas da administração educacional e das escolas, mas também de cada professor, que pode desenvolver, dessa forma, seu compromisso com a justiça.

Essa preocupação deve traduzir-se em iniciativas concretas; expressar acolhimento e interesse pela situação do aluno é a primeira delas. É positivo que o aluno que se encontra nessa situação perceba a proximidade de seus professores e a atitude aberta para comunicar-se com eles. Depois, é necessário adaptar o ensino às possibilidades dos alunos, para conseguir que eles progridam em suas aprendizagens. Finalmente, é necessário, em muitos casos, ampliar o tempo de ensino e conseguir o envolvimento da família para evitar que o aluno se atrase. Nesse último objetivo, a ação individual do professor deve contar com o apoio de atividades desenvolvidas pela escola em prol do conjunto de alunos com dificuldades de aprendizagem. Entre as medidas, podem ser destacadas a organização de grupos de reforço após o horário escolar, apoio dos alunos mais velhos aos mais novos e que enfrentam dificuldades para fazer seus deveres escolares ou o contato mais assíduo com as famílias, para animá-las e orientá-las no acompanhamento da educação de seus filhos.

No caso dos alunos imigrantes, é necessário, também, como foi exposto no Capítulo 3, reconhecer e valorizar sua cultura e sua língua materna, nas quais se assenta seu autoconceito e sua auto-estima. Por isso, o respeito e o reconhecimento, por parte dos professores, da língua e das culturas minoritárias nas escolas e suas iniciativas para que o resto dos alunos desenvolvam atitudes similares é expressão de um tratamento justo aos alunos imigrantes.

Esse tipo de iniciativa, ou muitas outras que uma escola pode desenvolver em benefício de seus alunos com maiores dificuldades, expressa, sem dúvida, uma determinada concepção de justiça, mas, de alguma maneira, também exige a presença nos professores de um sentimento moral, de empatia, e de um comportamento responsável. Sobre isso falarei posteriormente.

As relações com os alunos

Seria justo que aqueles alunos com mais dificuldades em seu desenvolvimento e sua aprendizagem recebessem de seus professores uma dedicação maior. Todavia, a tendência de inércia da maioria dos docentes é prestar mais atenção àqueles alunos que respondem melhor, que perguntam, que se interessam, que avançam e que, conseqüentemente, atingem os objetivos previstos e cumprem as expectativas que todo professor tem e deseja para os estudantes: que aprendam. Pelo contrário, os alunos com escasso ou nulo comprometimento com a aprendizagem, ou aqueles que tendem a passar inadvertidos, geralmente não atraem a atenção e dedicação dos professores, a menos que seu comportamento altere o funcionamento da turma.

Nem todos os professores valorizam seus alunos da mesma maneira. O modelo de bom aluno que cada professor elaborou a partir da sua própria história como estudante, da sua trajetória como docente e das suas próprias vivências e reflexões pessoais influencia nas preferências que ele pode manifestar: inteligência, criatividade, sociabilidade, liderança, senso de humor, capacidade artística, etc. A resposta que recebe do aluno e a relação que se estabelece entre ambos também têm um efeito decisivo na dedicação dos professores. Talvez o ponto em que há praticamente total coincidência esteja no reverso dessa imagem, naquilo que os professores normalmente rejeitam: falta de interesse e propensão ao conflito.

Na atenção e no apoio dados a cada um dos alunos se reflete a eqüidade do comportamento do professor, mas também nas expectativas manifestadas sobre cada um deles, nas vias de participação e de expressão que são oferecidas e na escuta e respeito de suas opiniões.

A maioria dos estudos realizados sobre o tema conclui que existe uma relação positiva entre as expectativas favoráveis sobre os progressos dos alunos, especialmente quando são informados sobre ele, e seu rendimento escolar (Marchesi e Martínez Arias, 2002). É verdade que permanece a dúvida sobre se são as expectativas que provocam a melhora escolar ou se é o bom rendimento do aluno que provoca o aumento das expectativas ou, inclusive, se há uma terceira variável que está determinando as mudanças nas duas possibilidades anteriores, expectativas e rendimento. De qualquer maneira, praticamente não há dúvida de que as expectativas positivas favorecem o comprometimento dos alunos com sua própria educação, no mínimo devido ao clima de confiança que elas geram e ao apoio e alento que transmitem.

Mas será que é possível manter e expressar expectativas positivas por todos os alunos, inclusive por aqueles com sérios problemas de aprendizagem, falta de motivação ou comportamentos anárquicos? Será que não estamos enviando uma mensagem errônea ou, inclusive, desestimulante se todos os alunos percebem que são tratados da mesma maneira, sem levar em conta suas habilidades específicas, seu comportamento ou seu esforço pessoal? São dúvidas razoáveis, que surgem de uma consideração desajustada das expectativas positivas, baseadas em uma mensagem comum e quase idêntica das possibilidades de aprendizagem dos alunos. Mesmo que essa atitude sempre seja melhor que aquela outra, que priva determinados alunos de qualquer sinal de confiança em suas potencialidades educacionais, temos de convir que a posição mais acertada é aquela que transmite uma confiança básica para todos os alunos, mas que ajusta as expectativas à situação pessoal de cada um deles: exigência para aqueles mais capazes e que se esforçam pouco; ânimo para os menos capazes e que trabalham; apoio para aqueles que ficam atrasados; controle para os indisciplinados. Entretanto, em todos os casos, a idéia de fundo, que deve guiar o comportamento do professor, é que todo aluno tem valores positivos, merece confiança e pode progredir. Essa é a convicção que orienta sua atividade e suas relações com os alunos e que o motiva a não dar por perdido nenhum deles. Nessa convicção positiva, otimista e realista, devem estar assentadas as expectativas dos professores, e nela se reflete a necessária e justa responsabilidade com seus alunos.

A confiança básica nas possibilidades de todos os alunos tem conseqüências notáveis nas relações que o professor estabelece com eles. Por um lado, contribui para que sejam construídas vias de participação que permitam conhecer as valorizações e propostas do corpo discente. Por outro, ajuda a manter uma atitude de escuta e de respeito pelas suas opiniões, o que favorece a comunicação mútua e é uma garantia para a resolução dos conflitos que possam ocorrer. Em muitas ocasiões, a desconfiança por parte dos professores com respeito aos alunos e a atribuição de intenções negativas é o que gera maior distanciamento entre uns e outros e o que bloqueia o interesse dos docentes em conhecer as razões e os sentimentos dos alunos. Nesses casos, a barreira de incompreensão e falta de comunicação ameaça deteriorar o progresso educativo dos alunos e o bem-estar profissional dos professores.

Não é estranho, considerando tudo isso, que nos indicadores propostos pelo Grupo Europeu de Pesquisa sobre a Eqüidade dos Sistemas Educacionais esteja incluído, para avaliar a eqüidade educacional, o sentimento dos estudantes de serem tratados com justiça, o que inclui respeito, reconhecimento e ausência de favoritismo. É preciso destacar que os estudantes espanhóis são, junto com os belgas da comunidade francófona, os que dão mais valor a um tratamento justo em suas escolas. Não obstante, em todos os países que participaram do estudo, a maioria dos alunos admite que os professores têm alunos favoritos. Além disso, na maioria dos países, os alunos com piores qualificações escolares são mais críticos quanto à justiça na escola do que aqueles com melhores qualificações. Por outro lado, praticamente não aparecem diferenças quando são comparadas as respostas dos alunos em função do seu contexto social.

A eqüidade na ação dos professores

O sentido de justiça dos professores se reflete de forma nítida na avaliação dos alunos. Ao avaliar, como ao ensinar, manifestamos não só os objetivos que atribuímos à educação, mas também nosso modo de ser. A avaliação dos outros permite conhecer como reagimos com aqueles que dependem de nós e, portanto, quem somos. Nosso comportamento no processo de avaliação dos alunos é um bom teste para uma auto-avaliação.

Avaliar é tão importante quanto complicado. Avaliação envolve considerar, ao mesmo tempo, os progressos do aluno quanto aos objetivos estabelecidos para cada ciclo, ano letivo ou etapa educacional, a situação individual de cada um deles em relação a esses objetivos e as possibilidades que tiveram de aprender em função do ensino que receberam dos seus professores. É a necessidade de equacionar de maneira conjunta essas variáveis, que algumas vezes entram em contradição, tornando mais difíceis as decisões de avaliação. Vejamos brevemente cada uma delas.

A primeira dimensão que é necessário considerar é a que se refere àquilo que a sociedade, por meio dos responsáveis educacionais, estabelece como objetivos ou critérios que devem servir como referenciais na avaliação dos alunos. Ou seja, quais são as competências e conhecimentos que podem ser exigidos em cada etapa ou ano letivo. A comparação desses critérios com o desempenho dos alunos, elemento central das decisões de avaliação, não deveria ser muito complicada, caso fosse a única variável a considerar. Existe, contudo, uma segunda variável que não pode ficar fora das decisões: a capacidade de cada aluno, seu ritmo de aprendizagem, sua situação pessoal. As decisões de avaliação não podem ser, pelo menos na educação obrigatória, uma simples aplicação de alguns critérios gerais e comuns para todos os alunos de forma praticamente idêntica. Um dilema, expressão das duas funções – pedagógica e social – da avaliação, que pode ser formulado da seguinte maneira:

- Se aplicarmos uma norma comum para a avaliação dos conhecimentos dos alunos, possivelmente não estaremos fazendo justiça às diferenças entre eles.
- Se, pelo contrário, considerarmos os ritmos próprios de cada aluno e avaliarmos em função deles, talvez não possamos garantir o controle que a sociedade exige sobre o nível admitido para certificar o conhecimento dos alunos.

E aqui encontramos a primeira contradição: como podemos ser justos ao avaliar? É eqüitativo dar a mesma qualificação ao aluno que sabe, ao que sabe mas se esforça pouco e ao que sabe menos mas se esforça mais? Qual é o peso que deve ter o esforço nas decisões de avaliação? O referencial principal da avaliação deve ser o programa específico estabelecido para cada aluno? E, caso assim for, onde ficam os critérios comuns e a avaliação social dos conhecimentos?

Não há respostas simples para essas perguntas. O único critério que não se deve esquecer é o necessário, mas instável, equilíbrio entre as exigências comuns e sua adaptação para cada aluno. Segundo meu ponto de vista, esse equilíbrio não deve se manter constante ao longo de todo o ensino: nas séries iniciais do ensino fundamental, deveria ter um peso maior a situação de cada aluno, enquanto que, no ensino médio, os aprendizados estabelecidos serão os que tenham maior influência. Entre ambos, mais uma vez, o ensino das séries finais do ensino fundamental e o início do ensino médio.

Mas se a resposta para essa primeira tensão já é complicada, é preciso incorporar uma terceira dimensão para adotar de forma ajustada e eqüitativa as decisões de avaliação: as possibilidades reais de aprendizagem dos alunos. Com que conhecimentos eles chegam? Qual é o apoio que recebem de seus professores? Como são ensinados? É necessário assinalar que a avaliação deve ser feita sobre o processo de ensino e aprendizagem, no qual as decisões sobre a aprendizagem dos alunos precisam estar caracterizadas a partir da constatação do processo de ensino. A avaliação dos alunos não tem como objetivo somente facilitar a reflexão dos professores sobre seu modo de ensinar. Além disso, a comprovação de como cada um ensina deve modular suas decisões sobre a avaliação dos alunos. A partir dessa colocação, seria justo que o bom professor fosse mais exigente com seus alunos, porque proporcionou a eles mais opções de aprendizagem. Infelizmente, a situação contrária – piores professores, porém mais exigentes – é a que ocorre em certas ocasiões.

Ao incorporar essa nova dimensão, enfrentamos a segunda contradição no processo de avaliação: o professor é o responsável por oferecer suficientes oportunidades de aprendizagem e apoio pedagógico aos seus alunos e é, ao mesmo tempo, quem deve julgar os progressos que fizeram. Poucas profissões vivem uma situação parecida. De alguma maneira, o professor atua como um juiz, que realiza, ao mesmo tempo, o trabalho preventivo para evitar que a falta seja cometida. Por isso, sua avaliação final significa, em certo sentido, o reconhecimento do sucesso ou do fracasso do seu esforço profissional.

A sabedoria prática do professor deve orientá-lo a encontrar uma decisão equilibrada em meio às tensões às quais o processo de avaliação está submetido. Uma sabedoria que, como já comentei em diversas ocasiões, deve estar baseada em um senso de justiça que inclui entre seus elementos constituintes a sensibilidade à situação de cada aluno. Por isso, é muito necessário considerar a opinião de outros colegas, que podem mostrar facetas do estudante que para nós são desconhecidas, ou podem nos ajudar a perceber que em nossos julgamentos estão presentes, de forma sutil e tácita, fatores emocionais alheios aos conhecimentos e atitudes dos alunos. A avaliação colegiada e integradora facilita, portanto, que as decisões que finalmente forem adotadas para cada aluno sejam mais respeitosas e justas com as características do processo de ensino e aprendizagem de cada um deles.

O SENTIMENTO DE COMPAIXÃO

Ao longo das reflexões que fui tecendo em torno do apoio aos alunos menos favorecidos e às minorias culturais, assim como sobre as relações com cada um dos alunos e as decisões de avaliação, foi aparecendo de maneira constante a importância de sermos sensíveis à situação pessoal de cada aluno e ao contexto em que eles desenvolvem suas aprendizagens para, assim, agir de maneira justa. O juízo moral precisa, para ser formulado de maneira eqüitativa, do concurso dos sentimentos morais, entre os quais é válido destacar – como sentimento, mas também como virtude "sob suspeita", na expressão de Arteta (1996) – a empatia ou compaixão.

No âmbito psicológico, o termo mais utilizado para falar desse tipo de sentimento é o de empatia. Apesar de muitas vezes o termo ser usado como sinônimo de compaixão, existem diferenças entre ambos. Como diz Fierro (2000), a empatia é, literalmente, "sentir dentro de", enquanto que a compaixão está definida como "sentir com". À margem das diferenças etimológicas, ambos os termos remetem a campos científicos diferentes. A empatia está vinculada com a tradição etológica e psicológica e refere-se à resposta emocional de proteção ao indefeso e ao desprotegido. Constitui, em suas origens, uma resposta biológica das mães para proteger suas crias e contribuir, dessa forma, para a sobrevivência da espécie. A compaixão, pelo contrário, encontra seu discurso específico no campo filosófico, no debate sobre os sentimentos e as virtudes morais e na tradição ética e religiosa. Para os budistas, a consciência da dor e da compaixão universal com os seres vivos é expressão de sabedoria. Também o judaísmo e o cristianismo destacaram a importância da compaixão: Deus é justo e misericordioso (Marina e De La Válgoma, 2000; Marina, 2005).

O livro de Arteta (1996) constitui uma interessante e instigante reflexão filosófica sobre a compaixão. Em suas quase 300 páginas, apresenta a história ambígua e contraditória do significado que diversos pensadores atribuíram ao sentimento de piedade. Para alguns, pode não passar de um contágio afetivo, uma expressão de fraqueza, um sentimento parcial incapaz de enfrentar a adversidade, uma nuvem sentimental que engana a razão e que distorce gravemente o sentido de justiça. Para outros, defendidos com rigor pelo próprio Arteta, a compaixão é a virtude primeira e última, um sentimento que pode e deve ser virtude quando é, também, uma expressão da reflexão e quando leva à ação transformadora. A compaixão é uma forma primária e intuitiva de justiça, na medida em que, por meio do sentimento, a pessoa toma consciência da dor, do dano ou da injustiça que sofrem os outros, o que dá a ela o impulso para que reflita sobre suas convicções e juízos morais e, conseqüentemente, ainda que nem sempre, faz com que atue de maneira solidária.

Apesar dessas últimas considerações, não é possível negar o caráter contraditório da compaixão, especialmente quando se contrapõe à justiça. Como ser justo e compassivo ao mesmo tempo? Na maioria das relações sociais, o que prima é a relação justa, que supõe respeitar as normas, aplicar as sanções a todos os cidadãos igualmente, cumprir o que está estipulado, inclusive as letras pequenas dos acordos. Praticamente não cabem outras considerações relacionadas com os sentimentos de compaixão, que podem quebrar as regras de jogo estabelecidas. Não obstante, a justiça deve ser aplicada com sensibilidade e compreensão do contexto e das circunstâncias da ação, portanto deve ser guiada por sentimentos de compaixão.

> Pois, além de incitar à justiça e de ampliar a cada passo suas fronteiras, a compaixão deve ser associada à eqüidade, para encher de carne e sangue individual o preceito legal e a clemência, com a finalidade de suavizar os rigores da sua aplicação. Tão suspeita é uma justiça implacável quanto uma piedade injusta. (Arteta, 1996, p. 287)

Faço minha, portanto, a proposta de que é necessário ser justo e compassivo e, mais ainda, de que não é possível ser eqüitativo sem ser, ao mesmo tempo, compassivo. Mas acrescento ainda que o equilíbrio entre justiça e compaixão é complicado, dificuldade que aumenta quando as relações entre as pessoas, que são sujeitos ativos e passivos dessas ações, não são igualitárias, mas, como no caso do professor com seus alunos, hierárquicas e desiguais. Vamos refletir, então, sobre a compaixão como sentimento e virtude dos professores na sua atuação docente.

O primeiro exemplo que me vem à mente é alguma experiência que vivenciei com alunos universitários que pediram minha compaixão. Uma delas foi com uma aluna a quem eu havia reprovado. Enviou-me um e-mail que começava com o seguinte título, em maiúsculas: "Sr. Marchesi, o senhor tenha compaixão". Depois explicava suas dificuldades familiares, seus problemas pessoais, seu esforço para aprovar, as penosas conseqüências da reprovação e terminava pedindo uma entrevista e uma atitude compassiva. Outra, anterior no tempo, foi a visita da mãe de um aluno, também reprovado. Explicou, triste, insegura e suplicante, que seu filho estava muito doente e que uma reprovação, mais uma vez, poderia ser fatal para ele. Mostrou os relatórios médicos e terminou com um pedido de auxílio, apelando aos meus sentimentos: "Suplico ao senhor", rogou, "tenha compaixão". Em ambos os casos, para mim foi muito difícil tomar uma decisão. Como ser compassivo, mas ao mesmo tempo justo, com esses alunos, com seus colegas e com as exigências acadêmicas estabelecidas, de tal maneira que minha decisão não significasse um tratamento injusto para uns ou para outros e respeitasse a necessária equanimidade e rigorosidade nas avaliações?[5]

Também lembro, quando escrevo essas linhas, a cara de estranheza que tenho visto em alguns professores quando falo sobre compaixão com os alunos. Será que são compassivos os estudantes com seus colegas, aos quais maltratam, ou com seus professores, aos quais mortificam permanentemente, perguntam-me eles em voz alta. Compadecer o aluno desvalido ou necessitado, sim, eles dizem, mas ao arrogante, ao depreciativo e ao mal-intencionado, de maneira nenhuma.

Não é fácil, reconheço, defender a compaixão quando temos em mente determinados alunos hostis, que costumam maltratar ou são indisciplinados. Mas talvez o que provoca uma reação tão contrária a esse sentimento moral seja uma interpretação errônea do seu significado e o esquecimento de que existem diferentes tipos de respostas compassivas. Compadecer não significa admitir, tolerar, defender o que é indefensável ou agüentar as ofensas ou as injustiças dos outros e, muito menos, daqueles que estão sob nossa tutela como alunos, que nos devem respeito e aos que temos a obrigação de facilitar o desenvolvimento moral. Com determinados comportamentos dos alunos é preciso sentir indignação, devido ao caráter injusto de suas ações. A compaixão ativa e protetora deve estar orientada para aqueles que são maltratados por determinados alunos e deve provocar em nós uma reação firme diante do comportamento de quem maltrata, o que consideramos inaceitável. Com relação aos agressores, o sentimento compassivo deve estar presente para que a ação punitiva ao seu comportamento injusto seja razoável e não perca de vista seu objetivo último de reabilitar quem causou o dano.

A compaixão deve manifestar-se ao longo de todo o processo educativo, quando o aluno enfrenta alguma situação de infelicidade, está desvalido ou desprotegido. O sentimento de compaixão deveria surgir de maneira mais pronunciada quanto maior for a desproteção do aluno – ou seja, quando ele é mais novo – ou quanto menor responsabilidade tiver pelo próprio sofrimento.

Por essa razão, os problemas que o aluno vive na escola devido à sua condição social ou cultural, aos seus problemas familiares ou pelas suas limitações pessoais demandam maior compreensão e empatia por parte dos professores.

A resposta compassiva para os problemas dos alunos exige, ao mesmo tempo, sensibilidade, respeito e compreensão. Por isso, devemos estar atentos à situação deles e perceber as condições que impedem que sejam felizes e as demandas de ajuda, muitas vezes imperceptíveis, que eles nos transmitem. Os alunos têm, em algumas ocasiões, dificuldades para entender o que acontece consigo e de encontrar soluções para seus problemas. A sensibilidade dos professores deve propiciar a comunicação com eles; sua competência profissional, por sua vez, irá facilitar a busca pelas respostas adequadas.

Nessa ação compassiva e solidária, o professor é, ao mesmo tempo, um modelo exemplar para o comportamento dos alunos. De pouco servem as mensagens morais se os alunos não constatam nas normas da sua escola, na sensibilidade dos seus professores e nas relações deles com os alunos uma tradução palpável dos critérios que são defendidos. Como esperar que os alunos se sintam chamados a ser solidários com as pessoas ou grupos menos favorecidos se percebem que, entre eles mesmos, aqueles que enfrentam maiores dificuldades não recebem cuidado e atenção especiais ou, inclusive, são tratados com distanciamento e exigência desmedida?

A compaixão no ensino não pode ficar reduzida a um mero sentimento passivo, conjuntural e passageiro, que não vai além da sensibilidade. Um sentimento que, por sua incapacidade de vincular-se com a razão e de traduzir-se em ação pode conduzir à parcialidade, à paralisação e à injustiça. A compaixão deve servir como alavanca e impulso de mudança e transformação. Não é de estranhar, por isso, que a empatia seja situada na origem da solidariedade e das condutas pró-sociais. A consciência da debilidade e da fragilidade humana faz com que nos preocupemos com os outros, que atendamos os outros, que sejamos justos com eles, que nos responsabilizemos por eles. A compaixão se traduz em justiça e em ação responsável. A segunda de nossas virtudes, a compaixão, desemboca inevitavelmente, se pretende ser considerada como tal, na terceira delas, a responsabilidade (Habermas, 1991; Levinas, 1991).

A RESPONSABILIDADE E A EXIGÊNCIA NA PROFISSÃO DOCENTE

O significado da responsabilidade

Thiebaut (2004) assinala que não se tem dado especial relevância ao valor da responsabilidade nos sistemas filosóficos modernos e contemporâneos, apesar de ser um dos mais básicos entre nossos conceitos morais,[6] e que somente na atualidade tem recebido uma atenção merecida. Possivelmente, essa falta de presença histórica seja devida aos seus perfis um tanto difusos, devido às características específicas desse conceito: é aberto, uma vez que se refere tanto à responsabilidade pelo que foi feito no passado como pelo que deve ser realizado no futuro; tem uma conotação negativa, dado que a responsabilidade parece supor um julgamento crítico sobre o já feito ou sobre o que está por fazer; encerra uma estrutura recursiva, uma vez que seu campo de aplicação é muito amplo, dado que abrange o passado, o futuro e o possível; e não se aplica somente aos indivíduos, mas também às coletividades.

Apesar das ambigüidades, e talvez devido à amplitude do conceito, a responsabilidade tem se transformado em um dos valores de referência na sociedade atual. Somos responsáveis porque temos uma margem de liberdade para adotar decisões de acordo com nosso critério moral. Responsabilidade, liberdade e autonomia são inseparáveis, de acordo com Victoria Camps (1994). Somos, portanto, responsáveis, diante de nós mesmos e diante dos outros, por nossas ações e por nossas omissões no âmbito individual e familiar, mas também no profissional e social. Mas, como aponta Fierro (2000), uma ética da responsabilidade não pode ser alheia à própria felicidade. Há um certo direito e obrigação de que sejamos felizes e procuremos, ao mesmo tempo, o bem dos outros. O complicado na vida é conjugar de maneira equilibrada ambas as exigências.

O fato da ética da responsabilidade ser um tema tão atual deve-se em grande medida às mudanças sociais e tecnológicas que vêm ocorrendo nas últimas décadas. Diante de uma ética orientada para o presente, para o contemporâneo, expressão de uma natureza e de uma sociedade estável, surge a necessidade de uma ética do futuro, que cuide do porvir, que prepare um mundo habitável para as novas gerações e que se preocupe, portanto, com as conseqüências de nossas ações presentes.[7] A responsabilidade pela educação e bem-estar das novas gerações transforma-se, portanto, em um dos valores primordiais da sociedade. Uma educação que, por sua vez, deve contribuir para que os alunos se sintam responsáveis pelo futuro da humanidade. O trabalho profissional dos professores adquire, assim, seu máximo valor e reforça, dessa forma, o sentido moral da atividade que realizam. Para que os professores assumam sua responsabilidade, tanto individual quanto coletiva, exigem como contrapartida indesculpável o respeito, o apoio e a valorização social. Responsabilidade profissional e valorização social devem sustentar-se e reforçar-se mutuamente.

A responsabilidade individual dos professores

Victoria Camps (1994) afirma que o docente deve ter uma responsabilidade pública, uma vez que deve transmitir certos conhecimentos, e uma forma de vida que contribuam para o bem-estar de seus alunos na sociedade em que estão imersos e para que sejam capazes, depois, de melhorar essa mesma sociedade. Não serve como desculpa, continua a autora, atribuir a responsabilidade pelos problemas e pelas dificuldades educacionais à estrutura social, à legislação ou à gestão administrativa, liberando assim os professores. E apesar de ser preciso aceitar que tanto a sociedade e a família como o sistema educacional são, em grande medida, responsáveis pelo que acontece no ensino, o professor precisa assumir, também, a parcela de responsabilidade que lhe cabe.

Mas, pelo que são responsáveis os professores? O que podem fazer quando algum aluno se recusa a estudar, se outros são violentos e maltratam seus colegas e alguns outros, ainda, destroem o meio ambiente ou os bens coletivos? Será que não são, nesses casos, os próprios alunos que devem assumir a responsabilidade por suas ações? Em uma interessante dissertação sobre o tema, Olson (2003) aponta que a responsabilidade do professor está em proporcionar a todos os seus alunos uma oportunidade razoável de aprender. Mas diz, também, que em última instância é o aluno que deve assumir a responsabilidade pela sua aprendizagem. Compartilho, inicialmente, dessa colocação, mas vale a pena, por sua importância, desenvolvê-la um pouco mais.

O que significa "proporcionar a todos os seus alunos uma oportunidade razoável de aprender"? Em primeiro lugar, planejar o ensino, adaptá-lo aos alunos e relacioná-lo com seus interesses para propiciar a aprendizagem. Mas não só para poucos deles, nem para a maioria, mas para todos. Aqui está a dimensão mais exigente do compromisso dos professores: promover uma oportunidade razoável de aprender para aqueles alunos com maiores dificuldades de aprendizagem, seja devido aos seus problemas intelectuais, seja pela sua inadaptação social e emocional, ou pela sua história pessoal e acadêmica.

Mas a aprendizagem não pode ser concebida exclusivamente em termos de conhecimentos. É preciso aprender também a relacionar-se, a respeitar, a conviver, a ser responsável pelo mundo em que vivemos e pelas outras pessoas. O professor também deve proporcionar a todos os seus alunos oportunidades de desenvolvimento afetivo, social e moral. No momento em que o docente se encontra com o grupo de alunos, no início do ano letivo, estabelece uma relação com todos e cada um deles, uma relação que envolve cuidado e responsabilidade. Esse vínculo obriga o professor a manter uma tensão permanente durante seu tempo de trabalho, para que seus alunos disponham das melhores oportunidades para aprender a conhecer, a conviver e a ser. É nessa dedicação diária que se reflete a responsabilidade do docente e é aí que fica em evidência o enorme esforço que significa ser professor. Em muitas ocasiões, a tarefa dos docentes é banalizada e, por isso, não são compreendidos nem seu cansaço nem sua necessidade de descanso. O esforço do professor não deriva apenas da dificuldade de manter a ordem na sala de aula ou de conseguir que aprendam alguns alunos que, muitas vezes, não se interessam pelas questões que são objeto do ensino. O esforço e o cansaço do professor surgem, sobretudo, pela responsabilidade que ele assume com seus alunos e pela dificuldade de proporcionar a eles, dia após dia, suficientes oportunidades de aprendizagem em todos os âmbitos da sua formação.

O professor adquire, portanto, uma grande responsabilidade com cada um de seus alunos, sobretudo com aqueles que têm mais dificuldades de aprendizagem ou que se sentem mais desvalidos e infelizes. A compaixão pelos seus problemas e seu senso de justiça devem manter a ação responsável dos docentes. O respeito, o diálogo, o afeto, a proximidade, o planejamento de experiências positivas de aprendizagem, a integração no grupo de alunos, o ânimo, a valorização positiva e a exigência são atividades e iniciativas coerentes com o desejo de conseguir que os alunos com maiores problemas disponham de oportunidades de aprender.

Esta responsabilidade dos professores está entrelaçada com a responsabilidade dos alunos de se apropriar e utilizar convenientemente as oportunidades oferecidas por eles. Não quero dizer com isso que o aluno é o único responsável pelos seus fracassos ou insuficiências, uma vez que nisso influi, também, sua história pessoal, familiar e acadêmica, mas é ao aluno e aos entornos em que ele se desenvolveu e nos quais está vivendo – com mais força os últimos durante as primeiras etapas da sua escolarização – que deveriam ser pedidas explicações quando os professores oferecerem suficientes oportunidades de aprendizagem e os alunos não puderam aproveitá-las.

Também é responsabilidade do professor ensinar seus alunos a serem responsáveis. Victoria Camps (1994) sublinha que uma das tarefas do ensino é educar os alunos para que sejam responsáveis por muitas coisas, como sua família, seus colegas, o meio ambiente ou os bens coletivos, mas também pela sua aprendizagem e seus estudos. Os alunos têm que aprender que o ensino é um direito que possuem, imensamente valioso, mas que, ao mesmo tempo, traz consigo um conjunto de obrigações. Na atitude responsável do professor com seus alunos, com o ensino, com a escola e com as instituições sociais, os alunos também encontram um modelo de comportamento. Por tudo isso é tão difícil ser professor. Durante uma boa parte do dia, durante todo o tempo em que permanecemos na escola, temos que ser um modelo ético para nossos alunos, nesse caso – e com relação ao tema que estamos tratando – um modelo de responsabilidade profissional.

Assumir essas tarefas durante toda a vida profissional exige um enorme esforço, no qual existe o risco de desgaste e cansaço. Por isso, é necessário que o professor se cuide, para que seja capaz de enfrentar as dificuldades de sua atividade. No capítulo anterior já fiz referência ao cuidado com o equilíbrio afetivo e emocional. Agora se trata de estender esse equilíbrio ao âmbito da responsabilidade profissional; nesse campo há dois compromissos iniludíveis: com um projeto pessoal de formação e com a atualização do significado da sua profissão.

Em primeiro lugar está o compromisso com a formação pessoal. Oferecer a todos os alunos uma oportunidade razoável de aprender não é um objetivo que possa ser levado à prática somente a partir de uma atitude virtuosa. É preciso, também, ter conhecimentos suficientes sobre a evolução dos alunos, sobre seus processos de aprendizagem, sobre os métodos de ensino, sobre gestão de aula, sobre os problemas dos alunos, sobre... tantas coisas que mudam (menos do que pensam os reformadores da educação e mais do que afirmam muitos professores). Não pode haver responsabilidade profissional sem um compromisso simultâneo com a formação. Estou falando de uma formação concebida em um sentido amplo, da qual fazem parte as reflexões sobre as experiências, a inovação, a leitura, os debates, a pesquisa e, às vezes, a participação em cursos organizados.

Em segundo lugar, o empenho em manter e atualizar o sentido da educação. As exigências da profissão docente e a enorme responsabilidade que ela traz consigo ameaçam constantemente a firmeza da dedicação dos professores. Esquecer a dimensão moral do ensino pode tornar difuso o seu horizonte e limitar seu alcance, até transformá-lo em uma repetição tediosa dos conteúdos de uma disciplina. É, portanto, imprescindível manter o ânimo; para isso nada melhor do que pensar de vez em quando, sozinhos ou com outros, sobre nossa atividade docente e buscar o sentido da educação na própria experiência, na leitura, na conversação tranqüila, na reflexão pessoal sobre o que cada um vive e sente na ação educadora.

A responsabilidade compartilhada da profissão docente[8]

O trabalho individual do professor não pode ser analisado nem compreendido à margem da dinâmica das relações que existem entre eles e a administração educacional e entre o corpo docente, organizados de uma forma ou de outra, e o conjunto da sociedade e suas instituições. A responsabilidade pessoal dos docentes é reforçada ou diminuída em função de como suas organizações – sindicatos, colégios profissionais, movimentos de renovação pedagógica, etc. – estabelecem, defendem e exigem perante a sociedade, a administração e o conjunto do professorado uma determinada função profissional. São muitas as relações em jogo, e no cruzamento de todas elas está o professor individual, sujeito, muitas vezes passivo, das disputas entre uns e outros e dos discursos e imagens que se transmitem sobre sua atuação profissional.

A responsabilidade da administração educacional em relação à profissão docente é enorme, na medida em que, de uma ou de outra maneira, é dela que depende a grande maioria dos professores. A administração estabelece o modelo de formação inicial e permanente dos professores, o sistema de seleção para o acesso à função pública docente, os incentivos profissionais e o marco para o progresso profissional ao longo da vida profissional. Não há dúvida de que os critérios que forem estabelecidos em cada um desses sistemas terão uma grande influência na forma como os professores desenvolverão sua atividade.

Seria preciso um novo modelo de formação e seleção dos professores, no qual fossem incluídos não só os conhecimentos dos futuros docentes, mas também critérios para saber como se desenvolvem na sala de aula e quais são suas atitudes com os alunos; seria necessário definir um conjunto de itinerários profissionais que considerassem a dedicação, a inovação e o trabalho em equipe dos professores e que recompensassem sua exigência profissional; seria preciso apoiar a autonomia das escolas, os projetos compartilhados, a estabilidade dos projetos docentes e as redes de escolas. Tudo isso com a finalidade de que sentissem que sua profissão é valorizada pela administração educacional e que, por isso, é exigente desde o início e até o fim da atuação profissional. Uma exigência que deve contribuir para que os professores valorizem sua profissão e assumam, com o respaldo decidido da administração educacional, a responsabilidade que seu trabalho traz consigo.

O SENTIDO DO COMPROMISSO MORAL NA PROFISSÃO DOCENTE

Por que sermos justos, compassivos e responsáveis na escola, com nossos alunos? Só pela satisfação do dever cumprido, ou devemos buscar alguma outra alternativa que seja mais convincente? A única certeza é a de que, se a profissão docente é uma atividade com um profundo componente moral, é necessário manter uma atitude reflexiva não apenas sobre o nosso próprio comportamento moral no trabalho docente, mas também sobre as razões que nos levam a agir dessa maneira. Somente dessa forma seremos capazes de manter a tensão, o dinamismo e o compromisso com a educação de todos os nossos alunos ao longo da nossa prolongada vida profissional.

Não há uma resposta simples e generalizada para as perguntas. A única coisa que elas têm em comum é a necessidade de que nos façamos a pergunta e tentemos respondê-la, mesmo que seja só de maneira provisória e tentativa. Normalmente, os professores buscam a resposta em sua ideologia e em suas convicções. Contudo, algumas vezes, os professores, como quaisquer outros cidadãos, não encontram referência alguma em suas convicções para levá-la à sua atividade profissional. Outros professores, talvez em número maior, não consideram que seu trabalho tem a dimensão moral que temos defendido com convicção neste capítulo, mas pensam que se trata de uma atividade profissional orientada principalmente para que os alunos aprendam determinados conteúdos da sua disciplina. Também há professores que vivem uma contradição pessoal que às vezes não é consciente: compartilham os princípios de justiça, solidariedade e responsabilidade em sua vida familiar e social, mas em sua prática escolar alteram e contradizem esses mesmos princípios. Tem-se a impressão de que, no contexto profissional, agem em função de outros critérios e valores, talvez por suas experiências negativas com os alunos, por terem desenvolvido uma atitude defensiva ou pelo cansaço acumulado durante sua vida profissional.

O que pretendo, em última instância, é sublinhar a necessidade de uma reflexão pessoal ou coletiva sobre o sentido da atividade docente. É difícil chegar a ser um bom professor quando não se possui uma certa referência moral no trabalho educacional, que seja capaz de manter, orientar e, quando for o caso, retificar a ação educadora. Essa referência ética, no fundo, não pode ser outra que contribuir para a formação e a felicidade dos nossos alunos e, dessa forma, ajudar na construção de uma sociedade com mais bem-estar para as novas gerações. E para isso, de alguma forma, talvez não sempre, devemos tentar ser felizes nós mesmos enquanto ensinamos. Não pode ser de outra maneira, apesar de que muitos professores irão ler com estranheza esta afirmação, sendo que constatam que realizam uma atividade profissional sujeita a tantas convulsões, mudanças, exigências e incompreensões. Acredito que devem tentar ser felizes. Não quero dizer, portanto, que o sejam sempre, porque só dessa forma encontrarão sentido em sua dedicação e poderão sobrepor-se às amarguras que estarão presentes em sua atividade.

Tenho afirmado que é necessário que o professor tente ser feliz em sua atividade docente, mas praticamente não me referi ao que entendo por felicidade. É muito difícil, em umas breves linhas, detalhar seu significado. Também é difícil em um livro inteiro, mas vou sugerir algumas pistas para animar uma reflexão e uma discussão. De qualquer maneira, vou recomendar um livro magnífico, cheio de sabedoria: *Sobre la vida feliz*, de Alfredo Fierro. Vou começar, não obstante, com uma citação de Fernando Savater que resume com sua habitual lucidez e precisão o significado da educação:

> Como indivíduos e como cidadãos temos perfeito direito a ver tudo da cor característica da maior parte das formigas e de grande número de telefones antigos, ou seja, muito preto. Mas como educadores não temos outro remédio que sermos otimistas, ora! E é que o ensino pressupõe otimismo, tal como a natação exige um meio líquido para ser exercitada. Quem não quiser se molhar, deve abandonar a natação; aquele que sinta repugnância diante do otimismo, que deixe o ensino e que não pretenda pensar em que consiste a educação. Porque educar é acreditar na possibilidade da perfeição humana, na capacidade inata de aprender e no desejo de saber que a anima; acreditar que há coisas (símbolos, técnicas, valores, memórias, fatos...) que podem e merecem ser conhecidos, que nós homens podemos melhorar uns aos outros por meio do conhecimento. De todas essas crenças otimistas a gente pode muito bem descrer em privado, mas quando se tenta educar ou entender em que consiste a educação, não há outro remédio que aceitá-las. Com verdadeiro pessimismo é possível escrever contra a educação, mas o otimismo é imprescindível para estudá-la... e para exercê-la. (Savater, 1997, p. 18 e 19)

A educação supõe, portanto, acreditar nas possibilidades de mudança das pessoas – crianças, jovens e adultos – e ter confiança que é possível conseguir uma vida melhor para as futuras gerações. A educação deve ser associada, conseqüentemente, com projeto, ação, esperança, dinamismo e ilusão. De alguma maneira, a presença dessas atitudes vitais na atividade profissional dos professores pode ser associada com o significado de felicidade.

Acho instigante a diferença entre felicidade e bem-estar, apesar de que, em certas ocasiões, são considerados termos sinônimos e, em qualquer caso, é preciso reconhecer a estreita relação entre ambas as experiências.[9] A felicidade conecta principalmente ao sentir-se competente e realizado em um projeto determinado – seus níveis mais altos são alcançados quando o projeto é a própria vida –, ao encontro de um sentido à tarefa que se realiza e à energia e aos valores suficientes para conduzir esse projeto. A felicidade se relaciona, também, com o conhecimento, com a virtude, com as aspirações alcançadas, com a boa sorte e com a atitude positiva. É difícil ser feliz, visto dessa perspectiva, se não se encontra sentido na atividade que se realiza ou quando esta é praticada de forma rotineira, desanimada e desmoralizada. Possivelmente, ter uma existência significativa não é suficiente para garantir a felicidade, mas é uma condição necessária para alcançá-la.

Baumeister (1991) disse, após uma completa revisão a partir de diferentes âmbitos acadêmicos, que a busca de significado reflete a presença de quatro necessidades principais: a existência de um projeto futuro que pretende ser alcançado, a presença de valores que orientam as decisões, a necessidade de um sentimento de eficácia pessoal e o desejo de autovalorização. As pessoas que têm essas necessidades satisfeitas irão manifestar, provavelmente, um sentido em suas vidas e, previsivelmente, também irão sentir-se mais felizes que aquelas que não têm satisfeitas algumas dessas necessidades.

Uma orientação semelhante manifesta Yves de la Taille (2006), quando formula a pergunta central do plano ético da existência: que vida quero viver? A resposta exige, do seu ponto de vista, quatro condições: que tenha um valor subjetivo, que se relacione com o fluxo da vida e não só com momentos isolados, que ofereça um sentido à vida e que permita a própria realização. Quando essas condições estão dadas, sentimos que vivemos uma existência boa e que estamos situados no caminho correto para experimentar a felicidade.

Junto a esta visão da felicidade, expressão de um bom ajuste entre a ação e os valores, ou de uma atividade virtuosa e consciente, está o bem-estar pessoal. Seu significado aponta principalmente para a saúde mental, as relações pessoais satisfatórias, a experiência subjetiva gratificante, o gosto pelas coisas vivenciadas. Suas conotações são principalmente psicológicas e já foram dedicados múltiplos estudos e pesquisas a delimitar os fatores que a propiciam. Eu gostaria de destacar, entre todos os que já foram propostos, o equilíbrio afetivo como garantia das boas relações interpessoais e da superação tranqüila dos conflitos. Sobre o equilíbrio afetivo dos professores, já falei no capítulo anterior e trago o tema agora para que não seja esquecida a sua importância na reflexão sobre a felicidade.

Voltemos mais uma vez à profissão docente. Se a profissão tem um forte componente moral, se exige um compromisso ativo e positivo com as novas gerações, se deve contribuir para a felicidade dos alunos, se deve manter o otimismo e a esperança no futuro das novas gerações e da humanidade, não temos mais remédio que admitir que o agente dessa atividade, o professor, tem que se sentir partícipe desse projeto e, conseqüentemente, deve viver e transmitir uma certa forma de felicidade em sua atividade docente. E ele só pode sentir-se feliz em seu trabalho se gosta dele, se está satisfeito com ele, se encontra sentido na educação de seus alunos.

A obtenção de uma relativa satisfação profissional na ação docente, que já relacionei com o sentimento subjetivo de felicidade, não pode ser compreendida nem valorizada à margem da personalidade do professor, da sua história de vida, das suas relações familiares e sociais, da sua atividade nos diversos cenários em que se desenvolve sua existência e, sem dúvida, também, da sua própria trajetória profissional e acadêmica e das condições laborais e profissionais em que desenvolve seu trabalho. Os êxitos e os fracassos, os acertos e os erros, as tristezas e as alegrias, nas esferas afetiva, familiar, econômica, social e, inclusive, política e também, sem dúvida, na saúde, condicionam a capacidade para encontrar significado na ação docente e influenciam as atitudes com que cada professor enfrenta a tarefa de ensinar. Às vezes, as tristezas e amarguras nos diferentes âmbitos da vida impedem a satisfação na atividade docente; outras, em compensação, apenas afetam, como se o professor tivesse sido capaz de elaborar uma couraça protetora diante da adversidade e pudesse desenvolver uma adaptação positiva, apesar do contexto de risco em que se desenvolve.[10]

Em certas ocasiões, contudo, talvez até na maioria das vezes, a desmoralização dos docentes vem das suas próprias experiências negativas em seu trabalho de ensinar, experiências que tampouco podem ser desvinculadas completamente da sua personalidade e das suas expectativas e projetos de vida. Outros professores, pelo contrário, continuam animados e comprometidos, talvez porque estiveram atentos ao desenvolvimento daqueles fatores protetores que contribuem para manter o ânimo e a dedicação à tarefa educativa: a atualização das suas competências profissionais, o desenvolvimento de relações positivas com amigos-colegas, a participação em alguns projetos inovadores, o equilíbrio emocional e a busca do sentido da sua atividade.

Por essas razões, e com o objetivo de sermos felizes e virtuosos em nossa atividade docente, contribuindo, assim, para a educação e a felicidade dos nossos alunos, devemos nos cuidar.[11] Cuidar o nosso equilíbrio afetivo, nossas amizades, nossa formação, nosso compromisso, nossas virtudes; ter cuidado com as ameaças e os riscos externos, mas também com as nossas angústias e os nossos temores íntimos. Dessa forma, sem dúvida seremos um referencial valioso na trajetória de vida dos nossos alunos, de muitos deles, a imensa maioria já esquecidos, aos quais só relembramos nas raras ocasiões em que se aproximam de nós, desconhecidos mas vislumbrados por meio do seu relato, e que lembram de nós com emoção e com carinho, porque, em alguma medida, contribuímos para aumentar seu conhecimento ou seu amadurecimento. Nesse momento, nos sentimos orgulhosos diante daqueles que observaram a cena e nos contemplam admirados – quem dera fossem nossos filhos – e intuímos que valeu a pena nosso esforço como professores, que possivelmente teve sentido aquilo que fizemos e sentimos uma satisfação profunda que se aproxima, de alguma maneira, à felicidade em nossa profissão.

NOTAS

1. Yves de la Taille (2006) diferencia a ética como a dimensão da vida boa, da vida com sentido, e a moral como a dimensão dos deveres.
2. O pensamento de J. Habermas (1985) está, sem dúvida, presente nesta proposta.
3. Utilizei uma distinção semelhante no Capítulo 3, ao abordar as competências dos professores para promover a educação moral de seus alunos.
4. Yves de la Taille selecionou a justiça, a generosidade e a honra.
5. Optei, depois de uma discussão com cada um deles, por dar-lhes uma nova oportunidade, cujo resultado final foi desigual.
6. Uma síntese do significado da responsabilidade pode ser encontrada na *Stanford Encyclopaedia of Philosophy (http://plato.stanford.edu/entries/moral-responsibility/)*.
7. A obra de Hans Jonas é o referencial dessas reflexões. Seu livro *El principio de responsabilidad* defende uma ética não utópica da responsabilidade, na qual a integridade futura do homem, o cuidado do meio ambiente e a permanência de uma vida humana autêntica sobre a terra devem orientar a ação dos seres responsáveis.
8. Evitei o termo "responsabilidade coletiva" para não entrar na polêmica de ser ou não possível referir-se a este tipo de responsabilidade.
9. A atual corrente da Psicologia Positiva coloca-se o objetivo de analisar os fatores que facilitam uma vida satisfatória e feliz. Sua finalidade é promover a pesquisa sobre as fortalezas e aspectos positivos do ser humano. A partir de diferentes disciplinas científicas está sendo fortificada uma abordagem à pesquisa psicológica na qual o foco é a integração do estudo do bem-estar, as emoções positivas e, em último termo, a felicidade. Um livro de referência é o de C. R. Snyder e S. J. López (2005). Também é possível consultar a página disponível em: http://www.positivepsychology.org.
10. O conceito de "resiliência" pode ser aplicado de maneira um tanto livre à capacidade de adaptação desses professores.
11. Estou em dívida, mais uma vez, com Alfredo Fierro quando estabeleço esta relação entre o cuidar de si próprio e a felicidade.

DEZ LIVROS PARA LER EM TEMPOS TRANQÜILOS

Victoria Camps. *Los valores de la educación (Os valores da educação)*
Um livro breve, apenas 132 páginas, preciso, coerente e profundo. Nele são abordados os temas centrais da reflexão sobre os valores: o projeto de vida, a liberdade, a responsabilidade, a tolerância, a igualdade e a diferença, a justiça, a solidariedade e a paz. Seu propósito fundamental é refletir sobre a licitude e a possibilidade de uma ética universal e laica, aceitável por todos, fruto de vários séculos de tradição e pensamento, da mistura de culturas, ideologias e religiões, e pressuposto imprescindível de uma sociedade democrática.

David Carro. *El sentido de la educación. Una introducción a la filosofía y a la teoría de la educación y de la enseñanza (O sentido da educação. Uma introdução à filosofia e à teoria da educação e do ensino)*
Como seu subtítulo indica, trata-se de uma reflexão filosófica sobre o ensino e a aprendizagem que oferece múltiplos argumentos e pistas para encontrar, recuperar ou atualizar o significado da educação. Uma de suas idéias centrais é que o ensino é um projeto humano, que vai muito além de um conjunto de aptidões técnicas e que exige, para ser praticado corretamente, traços de personalidade, disposições e qualidades de caráter. Outro dos seus argumentos é o de que o ensino é uma forma de prática moral racional que requer um amplo conhecimento do contexto moral, social e político em que se desenvolve a educação. Também analisa a dicotomia tradicional-progressista e afirma que deveria ser interpretada, para além de diferentes métodos pedagógicos, como uma diferenciação de caráter moral ou valorativo, postura que permite ao autor adentrar a dimensão política da educação.

Antonio R. Damasio. *El error de Descartes. La razón, la emoción y el cerebro humano (O erro de Descartes. A razão, a emoção e o cérebro humano)*
Este é o livro de Damasio que mais me impressionou. É um texto extenso e rigoroso, pouco mais de 320 páginas na sua edição de bolso. Nele são abordadas com rigor as relações entre a mente, as emoções e o corpo. Três objetivos principais são apresentados:

a análise das bases neurais da razão e da tomada de decisões, a linguagem específica dos sentimentos e a função do corpo como marco de referência indispensável para os processos neurais que experimentamos como sendo a mente. Uma das teses centrais defendidas é que a emoção e os sentimentos nos ajudam na tarefa de predizer um futuro incerto e de planejar nossas ações em conseqüência disso.

Christopher Day. *Pasión por enseñar. La identidad personal y profesional del docente y sus valores (Paixão por ensinar. A identidade pessoal e profissional do docente e seus valores)*

Como é indicado em sua introdução, o livro está dirigido aos professores que sentem paixão pelo ensino, que amam seus alunos e que reconhecem que a educação não tem relação apenas com o compromisso intelectual e emocional com os outros, mas também consigo mesmo. Sua tese principal é que o ensino é uma profissão audaz e criativa, e que a paixão é essencial para uma educação de qualidade. Dentro dessa colocação, são analisados os valores de professores e alunos, as emoções e os sentimentos, o compromisso com o aprendizado dos outros e com o próprio e a necessidade de manter a paixão para vivenciar o trabalho de maneira gratificante.

José Manuel Esteve, Julio Franco e Soledad Vera. *Los profesores ante el cambio social (Os professores diante da mudança social)*

Um livro já clássico sobre a crise dos professores e o mal-estar dos docentes, estruturado em três partes diferenciadas. Na primeira delas, é feita uma completa análise do impacto das mudanças sociais nas funções dos docentes e na sua personalidade. A segunda parte aborda, por meio de um estudo empírico, as repercussões da prática docente sobre a saúde dos professores. Finalmente, nos últimos capítulos, são apresentadas algumas propostas que abordam o estresse dos professores. Sua leitura ajuda a compreender o trabalho dos professores e suas tensões na sociedade atual.

Alfredo Fierro. *Sobre la vida feliz (Sobre a vida feliz)*

A escrita certeira de Alfredo Fierro dá a esse texto precisão, agilidade e contínuas sugestões. Nele o autor defende a esperança na possibilidade de ser feliz, analisa alguns mecanismos da vida feliz e pretende educar nos sentimentos que contribuem para ela. Os capítulos sobre a experiência de viver, a vida desejável e a sabedoria e o valor são, talvez, os que estão melhor concebidos. O leitor pode encontrar em suas páginas algumas relações entre a profissão docente e a obtenção da felicidade.

Álvaro Marchesi. *Qué será de nosotros, los malos alumnos (O que será de nós, os maus alunos,* publicado pela Artmed*)*

O objetivo do livro é contribuir para a reflexão sobre a situação dos alunos com risco de fracasso escolar, as causas de suas dificuldades e as possibilidades de intervenção das escolas e das famílias. Essa reflexão é feita a partir da análise de três grupos de alunos: os que têm dificuldades de aprendizagem, os que não têm motivação e os que apresentam problemas de comportamento. Oferece a voz de especialistas, professores e alunos que contribuem com suas próprias experiências, além da palavra de adultos que viveram seus anos escolares com dificuldade.

José Antonio Marina. *Aprender a vivir (Aprender a viver)*

Não é simples selecionar um livro da extensa literatura de José Antonio Marina. Escolhi esse por sua atualidade e pela amplitude dos temas que aborda, todos eles em torno do desenvolvimento da personalidade, do papel da educação e da aventura de viver e de crescer. Os dois últimos capítulos, sobre o bom caráter e a personalidade escolhida, nos quais inclui a construção da identidade pessoal e do projeto de vida, são, possivelmente, os mais instigantes.

Philippe Perrenoud. *Diez nuevas competencias para enseñar (Dez novas competências para ensinar,* publicado pela Artmed*)*

De maneira atraente e a partir de contínuas relações com a atividade de ensinar, o autor comenta as 10 competências que considera prioritárias por serem coerentes com o novo papel dos professores: organizar e dirigir situações de aprendizagem; administrar a progressão das aprendizagens; conceber e adaptar a resposta para a diversidade dos alunos; envolvê-los com suas aprendizagens; trabalhar em equipe; participar na administração da escola; informar e envolver as famílias; utilizar as novas tecnologias; enfrentar os deveres e dilemas éticos da profissão docente; e administrar a própria formação contínua.

Fernando Savater. *El valor de educar (O valor de educar)*

Uma referência indispensável na busca do sentido da educação. Com a habitual amenidade e profundidade do autor, o livro vai percorrendo com agilidade os principais problemas que preocupam os interessados na educação: a aprendizagem, os conteúdos do ensino, a liberdade e a disciplina, as humanidades e o alcance da tarefa educadora. Um livro cheio de referências que estimula novas leituras e que se transforma em uma fonte inesgotável de sugestões sobre as quais é preciso voltar uma ou outra vez.

REFERÊNCIAS

Aguado, L. (2005): *Emoción, afecto y motivación*, Madrid: Alianza Editorial.

Arteta, A. (1996): *La compasión. Apología de una virtud bajo sospecha*. Barcelona: Paidós.

Atkinson, T. y Claxton, G. (2000): *The intuitive practitioner*. Buckingham: Open University Press (ed. cast.: *El profesor intuitivo*. Barcelona: Octaedro, 2002).

Ball, S. J. (1987): *The micro-politics of the school. Towards a theory of school orgcnization*. Londres: Methuen (ed. cast.: *La micropolítica de la escuela. Hacia una teoría de la organización escolar*. Barcelona: Paidós/MEC, 1989).

Baumeister, R. F. (1991): *Meanings of life*. Nueva York: Guilford.

Blas, A. (2007): *Las competencias profesionales en la Formación Profesional*. Madric: Alianza Editorial.

Boler, M. (1999): *Feeling power: Emotions and education*. Nueva York. Routledge Books.

Brighouse, H. (2006): *On education*. Londres: Routledge.

Bruner, J. (1997): *La educación, puerta de la cultura*. Madrid: Aprendizaje-Visor.

Camps, V. (1994): *Los valores de la educación*. Madrid: Anaya-Alauda.

Carr, O. (2003): *Making sense of education*. Londres: Routledge Falmer (ed. cast.: *El sentido de la educación. Una introducción a la filosofía y a la teoría de la educación y de la enseñanza*. Barcelona: Graó, 2005.)

─────── (2004): "Rival conception of practice in education and teaching". En J. Dunne y P. Hogan (eds.): *Education in practice. Upholding the integrity of teaching and learning*. Oxford: Blackwell.

Castells, M. (1997): *La era de la información: economía sociedad y cultura*. Vol. 1. La sociedad red. Madrid: Alianza Editorial.

CIS (2006): *Barómetro junio 2006*. www.cis.es/cis/opencms/ES/1_encuestas/

Claxton, G. (2000): "Anatomía de la intuición". En T. Atkinson y G. Claxton, op. cit.

Coll, C. (2007): *El significado de las competencias en la educación*. Madrid: Alianza Editorial.

Cortina, A. (2006): "Educación en valores y ciudadanía". En M. Martínez y G. Hoyos (comp.), *La formación en valores en sociedades democráticas*. Barcelona: Octaedro-OEI.

Damasio, A. R. (1994): *Descartes'error. Emotion, reason and the human brain*. Nueva York:

A Grassel/Putman Book (ed. cast.: *El error de Descartes. La razón, la emoción y el cerebro humano*. Barcelona: Crítica, 1996).

_____ (2005): *En busca de Spinoza. Neurobiología de la emoción y los sentimientos*. Barcelona: Crítica (edición original en 2003).

Day, C. (2006): *Pasión por enseñar. La identidad personal y profesional del docente y sus valores*. Madrid: Narcea.

Delors, J. (1996): *La educación encierra un tesoro*. Madrid: Santillana-Ediciones UNESCO.

Dreyfus, H. y Dreyfus, S. (1986): *Mind over machine: the power of intuition and expertise in the era of computer*. Oxford: Blackwell.

Dunne, J. y Hogan, P. (eds.) (2004): *Education and practice. Upholding the integrity of teaching and learning*. Oxford: Blackwell.

Erikson, E. H. (1980): *Identity and the life cycle*. Nueva York: Norton.

Esteve, J. M., Franco, J. y Vera, S. (1995): *Los profesores ante el cambio social*. Barcelona: Anthropos.

Esteve, J. M. (2003): *La tercera revolución educativa. La educación en la sociedad del conocimiento*, Barcelona: Paidós.

European Group of Research on Equity of the Educational Systems (2003): *Equity of the European educationalsystems*. Liège: University of Liège.

Fierro, A. (2000): *Sobre la felicidad*. Málaga: Ediciones Aljibe.

Goleman, D. (1995): *Emotional intelligence*. Nueva York: Bantam Books (ed. cast.: *Inteligencia emocional*. Kairós, 1996).

_____ (1998): *Working with emotional intelligence*. Nueva York: Bantam Books.

Grissay, A. (1984): "Les mirages de l'évaluation scolaire". *Revue de la Direction Générale de L'Organization des Études*, XIX, 8.

Haberlas, J. (1991): *Escritos sobre moralidad y eticidad*. Barcelona: Paidós-ICE.

Habermas, J. (1985): *Conciencia moral y acción comunicativa*. Barcelona: Península.

Hargreaves, A. (1998): "The emotional practice of teaching". *Teaching of Teacher Education*, 14 (8), 835-854.

_____ (2000): "Mixed emotions: teacher's perceptions of their interactions with students". *Teaching and Teacher Education*, 16, 811-826.

_____ (2001): "The emotional geographies of teachers' relations with colleagues". *International Journal of Educational Research*, 35, 503-527.

_____ (2003): "La política emocional en el fracaso y el éxito escolar". En A. Marchesi y C. Hernández Gil (coords.), *El fracaso escolar. Una perspectiva internacional*. Madrid: Alianza Editorial.

_____ (2003): *Teaching in the knowledge society. Education in the knowledge society*. Berkshire: Open University Press.

Hopkins, D. y Stern, O. (1966): "Quality teachers, quality schools: International perspectives and policy implications". *Teaching of Teachers Education*, 12 (5), 501-517.

Huberman, M. (1992): "Teacher development and instructional mastery". En A. Hargreaves y M. G. Fullan (eds.), *Understanding teacher development*. Londres: Cassell.

Hutmacher, W.; Cochrane, D. y Bottani, N. (2001): *In pursuit of equity in education. Using inter-*

national indicators to compare equity policies. Hingham, MA: Kluwer Academic Publisher.

Jonas, H. (1995): *El principio de responsabilidad*. Barcelona: Herder (edición original en 1979).

Kelchtermans, G. (1996): "Teacher vulnerability: understanding its moral and political roots". *Cambridge Journal or Education*, 26 (3), 307-324.

Kymlicka, W. (1996): *Ciudadanía multicultural*. Barcelona: Paidós.

Lasky, S. (2000): "The cultural and emotional politics of teacher-parent interactions". *Teaching and Teacher Education*, 16, 843-860,

LeDoux, J. (1999): *El cerebro emocional*. Barcelona: Planeta.

Levinas, E. (1991): *Ética e infinito*. Madrid: Visor.

Machado, A. M. (2006): "Por el humanismo de la educación". *PREALC*, 2, 120-127.

MacIntyre, A. y Dunne, J. (2004): "Alasdair MacIntyre on education: in dialogue with Joseph Dunne". En J. Dunne y P. Hogan, *Education and practice. Upholding the integrity of teaching and learning*. Oxford: Blackwell.

Marchesi, A. (2004): *Qué será de nosotros, los malos alumnos*. Madrid: Alianza Editorial. Publicado pela Artmed.

_____ (2005): "La lectura como estrategia para el cambio educativo". *Revista de Educación*, Número extraordinario, 15-35.

_____ y _____ Martín, E. (1998): *Calidad de la enseñanza en tiempos de cambio*. Madrid: Alianza Editorial.

_____ y _____ (2003): *Tecnología y aprendizaje. Investigación sobre el impacto del ordenador en el aula*. Madrid: SM.

_____ y Martínez Arias, R. (2002): "Un modelo multinivel para evaluar la educación secundaria". En A. Marchesi y E. Martín (eds.), *Evaluación de la educación secundaria. Fotografía de una etapa polémica*. Madrid: Editorial SM.

_____ y Pérez, E. M. (2004): *Encuesta sobre la situación profesional de los docentes*. Madrid: FUHEM. fuhem.es/portal/areas/educacion/cie_encuestas.asp

_____ y _____ (2005): *Encuesta a las familias sobre la calidad de la educación*. Madrid: FUHEM. fuhem.es/portal/areas/educacion/cie_encuestas.asp

_____ y _____ (2006): *Encuesta al alumnado sobre la calidad de la educación*. Madrid: FUHEM. fuhem. es/portal/areas/educacion/cie_ encuestas.asp

_____ ; _____ y Lucena, R. (2002): "La comunidad educativa". En A. Marchesi y E. Martín (eds.): *Evaluación de la educación secundaria. Fotografía de una etapa polémica*. Madrid: Editorial SM.

_____ y Díaz, T. (2007): "Valores y emociones del profesorado". Madrid: *Cuaderno de la Fundación SM*. N.º 5.

Marina, J. A. (2004): *Aprender a vivir*. Barcelona: Ariel.

_____ y De la Válgoma, M. (2005): *La magia de leer*. Barcelona: Plaza-Janés.

Maslach, C. y Leiter, M. P. (1999): "Teacher burnout: a research agenda". En R. Vandernberghe y M. Huberman, *Understanding and preventing teacher burnout. A sourcebook of international research and practice*. Cambridge: Cambridge University Press.

McNamara, S. y Moreton, G. (2001): *Changing behaviour. Teaching children with emotional and behavioural difficulties in primary and secondary classrooms*. Londres: David Fulton.

Nias, J. (1996): "Thinking about feeling: The emotions in teaching". *Cambridge Journal of Education*, 26, 293-306.

Noddings, N. (1984): *Caring: A feminist approach to ethics.* Berkeley: University of California Press.

OCDE (2005): *Are students ready for a technology-rich world? What PISA studies tell us.* París: OCDE.

Olson, D. R. (2003): *Psychological theory and educational reform.* Cambridge: Cambridge University Press.

Perrenoud, Ph. (1999): *Dix nouvelles competences pour enseigner.* París: ESF editeur (ed. cast.: *Diez nuevas competencias para enseñar.* Barcelona: Graó, 2004).

Pozo, J. I. (2006): "Las concepciones del aprendizaje ante la nueva cultura educativa". En J. I. Pozo y otros (eds.), *Nuevas formas de pensar la enseñanza y el aprendizaje. Las concepciones de profesores y alumnos.* Barcelona: Graó.

Puig, J. M. y Martín, X. (1998): *La educación moral en la escuela. Teoría y práctica.* Barcelona: EDEBÉ.

Rawls, J. (1971): *A theory of justice.* Oxford: University Press.

Ria, L.; Sève, C.; Saury, J.; Theureau, J. y Durand, M. (2003): "Beginning teachers'situated emotions: a study of fort classroom experiences". *Journal of Education for Teaching*, 29 (3), 219-233.

Salzberger-Wittemberg, I.; Henry, G. y Osborne, E. (1983): *The emotional experience of teaching and learning.* Londres: Routledge and Kegan Paul.

Savater, F. (1997): *El valor de educar,* Barcelona: Ariel.

Schön, D. (1987): *Educating the reflexive practitioner.* San Francisco: Jopssey-Bass (ed. cast.: *La formación de los profesionales reflexivos,* Barcelona: Paidós-MEC, 1992).

Sergiovanni, T. (2000): *The liveworld of leadership: Creating culture, community, and personal meanings in our schools.* San Franscisco: Jossey-Bass.

Snyder, C. R. y López, S. J. (2005): *Handbook of positive psychology.* Oxford: Oxford University Press.

Sutton, E. S. y Wheatley, K. F. (2003): "Teachers'emotions and teaching: a review of the literature and directions for future reseach". *Educational Psychology Review*, 15 (4), 327-358.

Taille, Yves de la (2006): *Moral e ética. Dimensões intelectuais e afetivas.* Porto Alegre: Artmed.

Thiebaut, C. (2004): "¿Qué no es educar en valores?". En G. Hoyos y M. Martínez (coords.), *¿Qué significa educar en valores hoy?* Barcelona: Octaedro-OEI.

Troman, G. (2000): "Teacher stress in the law-trust society". *Bristish Journal of Society of Education*, 21 (3), 331-353.

Turiel, E. (2002): *The culture of morality. Social development, context and conflict.* Cambridge: Cambridge University Press.

Walsh, P. (1993): *Education and meaning: philosophy in practice.* Londres: Cassell.

Wenger, E. (1998): *Communities of practice.* Cambridge: Cambridge University Press. www.teachernet.gov.uk/professionaldevelopment/ast/

Zembylas, M. (2005): *Teaching with emotion.* Greenwich, Connecticut: Information Age Publising.